Helmut Ortner

HEIMATKUNDE

Falsche Wahrheiten. Richtige Lügen.

Politische Essays

editionfaust

Alle Vergangenheit ist nur ein Prolog.
William Shakespeare

Die Wahrheit ist die sicherste Lüge.
Jüdisches Sprichwort

Inhalt

Prolog

Ja, wir leben in turbulenten Zeiten. Alte Gewissheiten gelten nicht mehr. Die Hoffnung auf eine fortschreitende globale Demokratisierung und eine dauerhafte Weltfriedensordnung, wie sie noch vor Jahren möglich zu sein schien, hat sich aufgelöst. Stattdessen Krieg, Flucht, Hunger. Dazu das menschengemachte Klimadesaster. Man könnte angesichts dieser Wirklichkeiten zum Zyniker werden – kopfschüttelnd den Zustand der Welt als Beleg für die unüberwindbare Dummheit der Menschen betrachten. Die Entwertung der Welt schreitet voran – die Entwertung von Demokratie, die Entwertung von Frieden, die Entwertung von Menschenwürde.

Was tun? Was spendet Hoffnung und Trost? Gläubige Menschen haben hier einen Heimvorteil, im besten Fall wartet das himmlische Paradies. Der liebe Herrgott als Wegbegleiter, Hoffnungsträger und Sinnstifter; eine schöne Vorstellung, vor allem für jene, die nicht gern allein unterwegs sind. Für all jene aber – und ich fühle mich hier zugehörig –, für die das kein akzeptables Versprechen ist, bleibt nur der irdische Irrgarten.

Doch der Mensch ist Kant zufolge aus »krummem Holz« gemacht, aus dem »nichts Gerades gezimmert« werden kann. Er ist gierig, selbstbezogen, machtbewusst, opportunistisch, wankelmütig, verführbar. Kurzum: von Natur aus ein moralisch zweifelhafter Egoist. Keine guten Aussichten.

Nun gibt es Stimmen, die meinen, Politik müsse nicht nur Probleme lösen, sondern auch Sinn stiften. Von Werten und Leitkultur ist die Rede. Ich bin da entschieden anderer Ansicht: Dafür mag Religion zuständig sein (ich bin gottlos glücklich), nicht aber Politik. Am besten ist es, man kümmert sich um die eigene Sinnstiftung. Wir müssen schon selbst mit uns zurechtkommen. Es braucht also eine gute Balance, einen moderaten inneren Dialog zwischen Selbstzweifel und Selbstbewusstsein. Einen Pakt zwischen dem ICH und dem WIR. Eine produktive, friedliche Koexistenz.

Eine offene Gesellschaft lebt von Veränderung, von Auseinandersetzung, Debatte und Aufklärung. Aber Aufklärung ist kein Selbstzweck, kein Dogma, sondern eine Haltung, ein »Ethos«, wie Michel Foucault es formuliert. »Systemrelevant« sind Menschen, die sich trauen, die aufbegehren, gegen tradierte Denkmuster und Politschablonen andenken und neue Möglichkeiten und Perspektiven entwerfen. So sehr unsere Demokratie auf Konsens angelegt ist, es braucht Gegenrede und Widerstreit. Andauernd und unüberhörbar. Das ist der Sauerstoff für die Demokratie.

Es geht in diesen Zeiten (war es je anders?) darum, unsere offene Gesellschaft gegen ihre falschen Freunde und richtigen Feinde zu verteidigen. Gleich ob von rechts oder links. Gegen politischen Fanatismus und religiösen Wahn. Gegen Geschichtsvergessenheit und Populismus. Ich plädiere für plausible, rationale Argumente statt Bauchgefühl. Ideal, wenn beides wohldosiert zusammenkommt, dann stehen die Chancen gut, die Wirklichkeit zu bewältigen.

Die wichtigste Voraussetzung, um Wirklichkeit zum Besseren zu verändern, besteht darin, diese ungeschönt zur Kenntnis zu nehmen. Schlichte Hoffnung und naiver Optimismus sind die Totengräber vieler guter Ideen gewesen. Es gibt keine schnellen Lösungen.

Wie wir mit all dem zurechtkommen, als Einzelne und Einzelner? In jedem Fall sollten wir uns nicht zurückziehen ins Private, gleichgültig werden, auf Besserung hoffen, statt aktiv zu werden. Vor allem: Wir sollten uns vergegenwärtigen, dass populistische Heutige und Ewiggestrige nach wie vor eine Minderheit sind, freilich eine laute.

Die nachfolgenden Essays, Kommentare und Reportagen sind eine Aufforderung zur Verteidigung der offenen Gesellschaft und eine Ermunterung zum produktiven Streit. Veröffentlicht wurden sie in den letzten Jahren in Tageszeitungen, Zeitschriften und auf Online-Magazinen. Hier erscheinen sie in der Originalfassung (Erscheinungsort und Datum finden sich im Anhang) – und sollen allesamt als Plädoyer gegen jede Form ideologischer Beschränktheit und Demokratieverachtung gelesen werden.

DEMOKRATIE UND RECHTSTAAT

Über das Streiten und das Versöhnen

Streiten? Unbedingt!

Demokratie ist eine Zumutung. Sie ist anstrengend, langwierig, bisweilen schlicht ermüdend. Viel bequemer ist es, wenn ein vermeintlich starker Mann (seltener, eine starke Frau ...) durchregiert, wenn man sich als Bürger und Bürgerin nicht allzu viele Gedanken machen muss. Genau mit diesem Versprechen einer radikalen Reduktion von Komplexität locken die Feinde der Demokratie. Sie locken mit der Unfreiheit. Dennoch wollen die Menschen in großer Mehrheit in Demokratien leben. Je deutlicher sich die Feinde der Demokratie zu erkennen geben, umso kostbarer erscheint ihnen ihre Freiheit.

Freiheit – wer würde bezweifeln, dass sie den Kern von Demokratie bildet? Demokratie ermöglicht nicht nur Freiheit, sie ist selbst Ausdruck von Freiheit. Der Begriff stellt so etwas wie ihre Leitwährung da. An ihm müssen sich Institutionen und Verfahren messen lassen. Auf den ersten Blick scheint es so, als könne man sich – unter Demokratinnen und Demokraten – einvernehmlich auf den Wert der Freiheit einigen. Freiheit ist ein Schlüsselbegriff der Moderne, der die philosophischen und politischen Debatten wie ein Gravitationszentrum zusammenhält. Aber was genau wir mit Freiheit meinen, ist äußert unklar, mitunter heftig umstritten. Besteht Freiheit darin, ohne Geschwindigkeitsbeschränkung auf deutschen Autobahnen fahren zu dürfen? Oder umgekehrt darin, von der Belästigung und Gefährdung durch Raser »frei« zu sein?

Es gibt nicht wenige Stimmen – und es sind oft die lautesten –, die vor allem diese individuelle Freiheit verabsolutieren. Das Recht auf Anspruch auf individuelle Freiheit wird dann zur absoluten Größe: etwa bei der Impf-Freiheit. Wie auch immer man die staatliche Reaktion auf die Pandemie einschätzen will, als hysterisch, planlos, übertrieben oder aber als angemessen, klug und weitsichtig: Das Beispiel zeigt, was demokratische Politik heute im Kern umtreibt: die Frage nach der angemessenen Interpretation des Begriffs Freiheit. Genau diese Frage stellte die Pandemie. Oder allgemeiner: Sie stellt sich vor allem in Krisenzeiten.

Nun ist es eine Tatsache, dass wir in einem permanenten Krisenmodus leben. Die einzige verlässliche Erwartung an die Zukunft besteht darin, dass weitere Krisen auf uns zukommen werden: Corona, Krieg, Klima: Alte Gewissheiten verlieren ihre Gültigkeit, etwa die vom steten Wachstum, Frieden und Wohlstand. Die Wirklichkeit stellt uns vor die Frage, was uns das Leben in Freiheit eigentlich wert ist – und wie es um unsere Solidarität, um unseren Gemeinsinn wirklich bestellt ist?

Ist Demokratie nur ein Mechanismus, der es erlaubt, persönliche Selbstentfaltung, ökonomischen Wohlstand und ein individuelles »Streben nach Glück« zu ermöglichen? Oder geht es um mehr? Um ein Leben in Würde, ein Leben ohne Angst, ein Leben in Sicherheit? Was wollen wir uns zumuten, um diese Errungenschaften zu verteidigen, rhetorisch und politisch im Inneren, notfalls militärisch nach außen? In Zeiten, in denen führende Politiker unablässig verkünden, dass es mehrere Milliarden brauche, um die deutschen Streitkräfte »kriegstüchtig« zu machen, und – ebenso selbstverständlich – 6,7 Milliarden Euro fordern, allein im Jahr 2025.

Die weltweiten Krisen und Konflikte hinterlassen ihre Spuren: Laut einer Umfrage zum »Bedeutungswandel von Werten«, das die GKF (Institut für Marktentscheidung) 2024 durchführte, sind 68 Prozent der Befragten der Meinung, dass Sicherheit mehr Bedeutung haben wird. Nur vier Prozent glauben, dass dieser Wert weniger wichtig sein wird. Damit liegt Sicherheit auf dem ersten Platz. Und Sicherheit meint nicht allein die persönliche, sondern auch nationale Sicherheit. Der Krieg in der Ukraine markiert eine »Zeitenwende«, so der Bundeskanzler, und die Mehrheit der Deutschen scheint zu akzeptieren, dass diese gesellschaftliche Wirklichkeit ihren Preis hat. Ein milliardenstarkes Hochrüstungspaket für die Verteidigung provoziert kaum Widerspruch. Jahrzehntelang war unser Land im pazifistischen Wolkenkuckucksheim angesiedelt, wir Deutschen hielten uns raus und verweigerten jegliches Nachdenken über militärische Wirklich- und Notwendigkeiten. Sicherheit und Freiheit, alles, was eine Demokratie zusammenhält, hielten wir für den normativen, staatlich garantierten Dauerzustand. Ganz so, als gäbe es darauf einen Rechtsanspruch.

Festzuhalten ist: Eine Demokratie ist eben mehr als eine Service-Einheit oder ein All-inclusive-Angebot zur freien Verwendung – möglichst kostengünstig und von der Steuer absetzbar. Wenn wir uns darauf verständigen können, dass Demokratie nicht das ist, worauf die Bürgerinnen und Bürger Anspruch haben, sondern etwas, das uns in Anspruch nimmt – dann sind wir demokratie*fähig*. Nicht behelligt zu werden, sich nicht interessieren zu müssen, sich auf die bloße Beobachtung zurückzuziehen, allein auf seine Work-Life-Balance, auf die korrekte Entsorgung des Bio-Mülls oder laktosefreien Joghurt zu achten, nicht aber auf den Zustand gesellschaftlicher Wirklichkeit – das ist keine Option. Demokratie verlangt und verdient mehr.

Sie ist eine Zumutung, weil sie andauernder, empathischer Zuwendung bedarf. Sie lebt von Teilnahme und Teilhabe, von

Verpflichtung und Verantwortung. Vom ICH zum WIR – das ist die Formel, die sich eine demokratische Gesellschaft im besten Falle selbst auferlegt. Sie beruht auf den Werten: Freiheit und Gleichheit – und aus diesen Werten ergibt sich eine Logik der demokratischen Repräsentation, die mit Wahlen geregelt wird.

Wahlen sind nicht Voraussetzung der Demokratie, sie sind eine Konsequenz der Demokratie – und eine Folge der Diskussion darüber, wie das Zusammenleben einer Gesellschaft organisiert werden soll.

Zu unserer freiheitlichen Gesellschaft gehört, dass Menschen ihr Herz ungestraft an Dinge hängen dürfen, über die andere nur den Kopf schütteln können. Denn: Es gibt nicht nur eine Sicht auf die Welt, auf die Wirklichkeit und die Sinnhaftigkeit des Lebens – auf das Zweckmäßige, auf das *Not*wendige. Demokratie heißt: Weltanschauungs-Freiheit. Im Kern beinhaltet sie den Gedanken, dass Individuen zentrale Rechte besitzen: körperliche Unversehrtheit, Meinungs-Rede-Freiheit, Religionsfreiheit, Recht auf Eigentum. Die Instanz, diese Rechte zu schützen, ist der Staat. Wir nennen ihn Rechtsstaat. Unser Rechtsstaat ist aber nicht nur ein verbindliches Instrument zum Schutz des Individuums. Er ist auch Garant dafür, Interessengegensätze zu moderieren.

Statt einer Ethnie, einer Klasse oder einer Religion hier ein Monopol auf Wahrheit zuzusprechen, vertraut der Rechtsstaat auf die Stärke des produktiven Streits, auf die Stärke des besseren Arguments – und auf einen gesellschaftsbefriedenden Konsens. Auf der Basis absoluter Wahrheitsansprüche ist Demokratie gar nicht möglich: Über Wahrheiten lässt sich nicht abstimmen. Wahrheiten sind nicht mehrheitsfähig und Interessen sind nicht wahrheitsfähig.

Und weil Interessen nicht wahrheitsfähig sind, entschließt sich die Demokratie, die verbindliche Entscheidung nicht über

Wahrheitsansprüche zu begründen, sondern durch Verfahrensregeln: Gelten soll das, was die Mehrheit für richtig hält. Und es gilt so lange, bis eine neue Mehrheit etwas anderes beschließt.

Unsere Verfassung formuliert das, was in einer Gesellschaft Geltung beansprucht, und dieser Geltungsanspruch gilt für alle und jeden, unabhängig davon, ob er am Entstehen dieser Überzeugung beteiligt war oder nicht, unabhängig davon, ob ihm diese besonders vorteilhaft oder eher schwierig oder lästig erscheint. Entscheidend sind ausschließlich die rechtlich formulierten, für alle verbindlichen, gegebenenfalls auch einklagbaren Geltungsansprüche einer Verfassung.

Und noch eine Differenzierung kann hilfreich sein: Demokratie ist nicht unbedingt Gemeinschaft. Demokratie ist vor allem Gesellschaft – also das Aufeinandertreffen unterschiedlicher Interessen, Sichtweisen und Meinungen.

Unsere Verfassung ist Text und Ideal zugleich. Sie allein gibt den verbindlichen Rahmen unseres Zusammenlebens, unseres Gemeinwesens vor: nicht die Bibel, nicht der Koran – auch nicht die Vereinssatzung des FC Bayern München. Ja, es wird viel protestiert im Land: Zu sogenannten Montags-Demos und Bürger-Spaziergängen trifft sich – vor allem im Osten des Landes – eine zornige Bürgerschaft, die gegen alle Missstände und gegen alles vermeintlich Ungerechte dieser Republik lautstark und mitunter historisch ahnungslos das Ende einer »Berliner-Diktatur« fordert. Was geht hier vor? Wirklichkeitsignoranz, Demokratieverachtung oder Verschwörungsphantasma, im schlimmsten Fall ist es eine Melange aus allem. Corona-Kritiker mit Blumenketten, Künstlerinnen, die naturwissenschaftliche Erkenntnisse infrage stellen, Journalisten, die sich als Rebellen gegen angebliche Sprechverbote inszenieren. Eine wirre, wahnhafte Protest-Bürger-Polonaise ...

Einerseits: Wir könnten alle diese Formen des Aufbegehrens und Protests als Zeichen einer vitalen Demokratie, einer intakten Zivilgesellschaft deuten ... Es wird nicht zu viel gestritten und protestiert, allenfalls häufig zu niveaulos, zu vulgär, zu egomanisch, zu überheblich, zu geschichtsvergessen. Anderseits. Demokratie ist eine fragile Konstruktion. Demagogen, Populisten Verschwörungserzähler und Untergangspropheten jeglicher Couleur erkennen und nutzen ihre Chance, sie zu schwächen. Und viele folgen ihnen bereitwillig.

Politisches Versagen, gepaart mit Verantwortungslosigkeit, generiert Misstrauen. Und stärkt Populisten, vor denen uns die Politprominenz doch beständig warnt – um dann ihrerseits einiges dazu beizutragen, dass immer mehr Menschen den Glauben an die Politik und das Parteiensystem und vor allem an die Steuerungsfähigkeit der Politik verlieren. Die Mehrheit der demokratisch gesinnten Bürgerinnen und Bürger wissen, es muss sich vieles ändern. Zugleich wollen sie ihren alten Alltag zurück. Daher wächst das Misstrauen gegen »die da oben« und schleicht sich die Überzeugung ein, unsere Demokratie sei unfähig, die jetzigen Probleme zu lösen. Auf dieser Grundlage gibt es eine Annäherung an die Narrative von rechts außen.

Wo aber Vertrauen fehlt, entstehen Enttäuschung, Rückzug, Ignoranz. Es folgt Teilnahmslosigkeit. Geringe Wahlbeteiligungen sind deutliche Zeichen. Auch das Votum für populistische Parteien. In einer Insa-Umfrage vom Juni 2024 kommt die AfD bei den im September staatfindenden Landtagswahlen in Thüringen auf 30 Prozent. Zur Erinnerung: Der Vorsitzende der dortigen AfD heißt Björn Höcke. Kein guter Zustand. Aber nicht allein die Verweigerung, an Wahlen teilzunehmen, und ein zweistelliges Votum für eine nationalistische, demokratieverachtende Partei sollten uns sorgen. Ein neuer Protesttypus hat in den politischen Diskurs Einzug gehalten.

Ich nenne ihn den/die libertäre/n Autoritäre/n. Er oder sie verklärt politisch nicht die Vergangenheit oder sehnt sich nach der starken Hand des Staates, sondern streitet lautstark für individuelle Freiheiten. Etwa frei zu sein von Rücksichtnahme, von gesellschaftlichen Zwängen – und frei von gesellschaftlicher Solidarität. Dieser libertäre Autoritarismus ist eine Folge der Freiheitsversprechen der Spätmoderne: Mündig soll er sein, der Einzelne, dazu noch authentisch und hochgradig eigenverantwortlich. Gleichzeitig erlebt er sich als zunehmend macht- und einflusslos gegenüber einer komplexer werdenden Welt. Das wird als Kränkung erfahren und äußert sich in Ressentiment und Demokratiefeindlichkeit.

Der Ruf nach alleiniger individueller Souveränität aber ist eine Bedrohung für eine Gesellschaft der Freien und Gleichen – und die Verleugnung einer geteilten Realität. In dieser Rolle – das darf man festhalten – gefällt sich der etablierte Mittelstands-Hedonist, beruflich erfolgreich, gut versorgt und von akuten Armutsängsten weitgehend verschont, auch er mischt munter mit – mit pauschaler Politikhäme und Demokratieverachtung. Populismus verfängt auch auf dem Golfplatz. Wir müssen aufpassen, welcher Auslöser den demokratischen Himmel verdunkelt. Gesellschaften können Zivilität lernen – und verlernen. Es gibt einen Prozess der Ent-Demokratisierung, der Ent-Solidarisierung, der nur schwer reversibel ist.

Ich bin in Frankfurt am Main aufgewachsen und politisch sozialisiert worden. In Frankfurt wurde und wird immer gestritten. Engagiert und leidenschaftlich. Laut und zornig. Intensiv und kreativ. Rauh und militant. An Anlässen herrschte kein Mangel: gegen Startbahn-West, für bezahlbaren Wohnraum. Für und gegen eine neue Altstadt, für eine andere Verkehrspolitik, gegen einen völlig überforderten Oberbürgermeister, der für die große Mehrheit eine Zumutung ist, aber sich selbst penetrant großartig fand. Jetzt hat ihn die Frankfurter Bürgergesellschaft abgewählt.

Streit gehörte und gehört zum Sound der Stadt. Und das ist gut so.

Streit ist – ob in Frankfurt oder anderswo – der Sauerstoff für eine offene, liberale Stadtgesellschaft. Dissens, Aufbegehren, Widerstand sind keine Untugenden in einer freien Gesellschaft, sondern deren Grundlage. Streit ist konstitutiv für die Demokratie – auf allen Ebenen: privat, kollektiv, institutionell. Unsere Demokratie lebt von der Kontroverse. Nur durch ständige öffentliche Debatte können wir die unterschiedlichen Interessen erfolgreich koordinieren. Nur im Streit klären wir, was uns als Gesellschaft wichtig ist, welche Werte wir grundsätzlich vertreten wollen und welche politischen Entscheidungen wir als Gesellschaft zu tragen bereit sind. Am Ende aber steht der Kompromiss. Er darf nicht der Anfangspunkt einer streitbaren Diskussion sein, sondern deren Endpunkt.

Freilich, nicht jeder Streit ist anregend, erhellend und klug. Vor allem auf digitalen Plattformen wird beleidigt, gepöbelt, denunziert und erniedrigt. Von links und von rechts – und auch aus der sogenannten schweigenden Mitte. Ein mitunter schwer erträglicher rechtsfreier Echoraum, in dem Hass-Tiraden als freie Meinungsäußerung reklamiert werden.

Ob es um Corona, den Klimawandel oder die Größe des Publikums bei den Montagsdemos geht, wir sollten »alternative Fakten« nicht leichtfertig als Versatzstücke einer Parallelwelt verstehen, sondern als gezielte Nebelkerzen im Kontext polarisierter Debatten. Sie wirken nicht als Beitrag zur Konstruktion einer alternativen Realität, sondern als kommunikative Realitätsdestruktion, die es erlaubt, wider besseres Wissen weiterzumachen wie bisher.

Auch in TV-Talkshow-Politrunden ist man gern auf Radau aus. Schon die Auswahl des Teilnehmerkreises folgt dieser Dramaturgie. Hier scheinen differenzierte Positionen weniger gefragt zu sein als laute Diskurs-Trompeten, die ihren Standpunkt möglichst schrill vorstellen. Der Volksmund sagt – möglicherweise aus gutem Grund: »Wer schreit, hat unrecht«. Wobei wir ebenfalls wissen: Auch im leisen, sanften Ton versteckt sich oft die gemeine Lüge, die rhetorische Falschmünzerei, die bornierte Besserwisserei ...

Wie und wodurch aber kann ein produktiver, ein erkenntnisreicher, guter Streit entstehen? Das Formulieren der eigenen Position, der Haltung, der These, des Gedankens, also das Deutlichmachen, wofür man steht, ist der erste Schritt eines produktiven Streits. Wenn alle Beteiligten den gleichen Raum und die gleiche Aufmerksamkeit bekommen, dann kann ein guter Streit beginnen.

Hierzulande gilt der oft beschworene »Grundkonsens der Demokraten« als das stabilisierende Fundament der Nachkriegsrepublik. Statt Streiterei und Debatte wünscht man sich Kompromiss und Konsens. Aber Vorsicht: Zu viel – vor allem zu leicht und schnell erreichter – Konsens begünstigt schalen Opportunismus, er belohnt Kritiklosigkeit, er bedroht die Individualisierung des Denkens. Darum: Konformismus statt Pluralismus.

Doch Konsens ist kein Allheilmittel. Neues entsteht nur da, wo ausgeschert wird: aus eigener Denkfaulheit, eigenen Denkschablonen. Nicht im Konsens, sondern in der Freiheit, diesen Konsens immer wieder infrage zu stellen, liegt der normative Kern einer Demokratie. Streit ist systemrelevant.

Zu guter Letzt: Man möchte wohl, aber kann (und muss!) nicht – das wissen wir alle – mit jedem streiten. Fanatiker, Extremisten und Populisten hören ohnehin nicht gern zu. Sie interessieren sich nicht für die Meinungen anderer. Bewegen sich lieber in ihren abgeschotteten Echoräumen. Sie scheuen den Dialog. Sie sind Autisten. Man braucht nicht die Mühsal des Streitens auf sich zu nehmen, wenn keinerlei Dialog- und Kompromissbereitschaft bei den Beteiligten vorhanden ist. Mit Menschen zu diskutieren, die das Recht auf eine eigene Meinung mit dem Recht auf eigene Fakten verwechseln, macht die Angelegenheit eher mühsam und unergiebig.

Nicht alles, was sich als Toleranz ausgibt, genügt ihren Ansprüchen. Toleranz ist insofern eine besonders anspruchsvolle Haltung, da sie leicht zur Legitimation von Gleichgültigkeit werden kann. Toleranz beginnt mit der Wahrnehmung des Anderen, der anderen Überzeugungen, der anderen Interessen, der anderen Auffassungen und Meinungen. Eine Toleranz, die nur das eigene gesellschaftliche und politische Gesichtsfeld respektiert, ist wertlos und öde. Intoleranz und Denken im Gleichschritt – nichts ist schlimmer und wirkt demokratiefeindlicher.

Und kultiviertes, produktives, emphatisches Streiten? Es will gelernt, geübt und gepflegt werden. Demokratie ist eine Zumutung, lautete der erste Satz dieses Textes. Wir sollten darin ein Zukunftsversprechen sehen.

(August, 2022)

»Verquere« Freiheitskämpfer, besorgte Demokraten

Eine Eskalation mit Ansage: Es war im März 2020, da hatte eine Initiative »Querdenken 351« in Dresden zu einer Demonstration aufgerufen, und obwohl die Behörden aus Infektionsschutzgründen alle Kundgebungen untersagten, waren mehr als tausend Menschen gekommen. In Pulks liefen jeweils mehrere hundert Leute, die keinen Mund-Nasen-Schutz trugen und keinerlei Abstand einhielten, durch die Innenstadt. Sie schwenkten unterschiedlichste Fahnen, sangen und bildeten Polonaise-Schlangen. Der Polizei, die mit Unterstützung aus anderen Bundesländern sowie schwerem Gerät, darunter mehreren Wasserwerfern, angerückt war, gelang es nicht, das Treiben zu verhindern. Es blieb nicht bei verbalem Radau. Es kam zu Handgreiflichkeiten, Verletzungen, Verhaftungen. Und das nicht nur in Dresden, auch in anderen Städten gingen damals Menschen auf die Straße: »gegen Corona für die Freiheit«.

Acht Monate später, am 7. November, versammelten sich über 30.000 selbsternannte Querdenker aus der gesamten Republik in Leipzig, um das Ende der Pandemie auszurufen oder vielmehr zu fordern. Esoteriker marschieren neben Hooligans, Regenbogenfahnen flattern neben Reichkriegsflaggen. Ohne Maske, ohne Abstand, weder zum Nachbarn noch zu den Hunderten Nazis des rechtsextremen Netzwerks »Blood and Honour«. Hier trifft sich eine neue deutsche Volksgemeinschaft, die sonst kein Elend und keine Armut auf der Welt auf die Straße treibt, die sich aber nun unterdrückt fühlt und zum Widerstand aufruft. Gegen die »Merkel-Diktatur«, gegen Bill Gates, George Soros und die »Verschwörungen reicher Pädophiler«, die im Hintergrund angeblich die Fäden zögen. Neben rechtsradikalen Plakaten und antisemitischen Spruchbändern sind Leute zu sehen, die sich als KZ-Häftlinge kostümieren, um sich als die wahren Erben, als Kämpfer der Freiheit gegen »Diktatur und Faschismus« auszugeben. Sie skandieren: »Nie wieder!« und »Wehret den Anfängen!« So zieht die bunte Querfront-Polonaise, vollends von jeder Rationalität befreit, unter den Rufen von »Wir sind frei, Corona ist vorbei!« durch das Zentrum der Stadt. Ein Volksfest des kollektiven Wahns.

Eine Woche später treibt es die verqueren Freiheitskämpfer wieder auf die Straße, diesmal in Hannover. Eine junge, ebenso naive wie narzisstische Jana aus Kassel vergleicht sich auf der Bühne mit der von den Nazis ermordeten Sophie Scholl. »Ich fühle mich wie Sophie Scholl, da ich seit Monaten hier aktiv im Widerstand bin, Reden halte, auf Demos gehe, Flyer verteile und auch seit gestern Versammlungen anmelde«, ruft sie mit brüchiger Stimme. Sie will niemals aufgeben, sich für »Freiheit, Frieden, Liebe und Gerechtigkeit« einzusetzen. Beifall und Jubel aus dem Publikum. Der *New York Times* ist das sogar einen Beitrag wert. Im Artikel heißt es, ihre Rede sei das »jüngste Beispiel« von Anti-Corona-Demonstranten und Verschwörungserzählern, die ihren Protest mit der Unterdrückung und Ermordung der Juden durch die Nazis gleichsetzten. Erwähnung findet auch eine Elfjährige, die sich bei einer Querdenker-Sause am Mikrophon mit Anne Frank verglich, weil sie ihren Geburtstag aus Angst vor den Nachbarn angeblich hatte geheim halten müssen. Man fühlt sich in Zeiten zurückversetzt, als sich der nazikontaminierte Hitler-Durchschnittsdeutsche selbst gern als Nazigegner und Widerstandskämpfer eingestuft sehen wollte. Es scheint, dass in Pandemie-Zeiten viele Menschen sich selbst den Status eines Widerstandkämpfers wie einen Orden anheften. Die Folge davon: »Außer in Zeiten der Entnazifizierungs-Verhöre gab es noch niemals so viel Widerstandskämpfer wie in den letzten Jahren«, wie Karl-Markus Gauß in der *Süddeutschen Zeitung* konstatiert.

Eine bizarre Wahrnehmung der Wirklichkeit. Bislang galt Geschichtsklitterung in der bundesrepublikanischen Nachkriegsrealität als Terrain rechtsradikaler Wirrköpfe und Ewig-Gestriger. Dann kam die AfD. Mit ihrem Einzug in Landesparlamente und den Bundestag bekam das Rechts-Milieu eine parlamentarische, öffentlichkeitswirksame Bühne. Was folgte, waren kalkulierte Tabubrüche und gezielte Provokationen, etwa Björn Höckes Gerede von einer »erinnerungspolitischen Wende um 180 Grad« oder Alexanders Gaulands »Vogelschiss«-Verharmlosung der Nazidiktatur. Historische Demenz, Ignoranz oder böse Absicht? In jedem Fall eine trübe Melange aus allem. Die AfD findet nicht nur ihre Wähler – vor allem im Osten der Republik –, sondern kann sich auch über flächendeckende Zustimmung jenseits von Wahlen freuen. Auch wenn der Verfassungsschutz Teile der Partei mittlerweile unter Beobachtung stellt, finden viele Deutsche diese Partei nicht gefährlich und unappetitlich, sondern fühlen sich von deren »Lautsprechern« politisch angemessen vertreten. Ein irritierender Befund.

Was geht da vor, wenn sich ältere Ewig-Gestrige und Verblödet-Heutige – beide frei von historischer Bildung – als Retter der Demokratie aufspielen? Natürlich verharmlosen sie alle auf grässliche und beschämende den Nationalsozialismus. Sie heften sich Judensterne an ihre modischen Anoraks auf denen »Ungeimpft« oder »Jesund« steht. Dauerempörte »Kämpfer der Freiheit« beanspruchen, Opfer zu sein. Sie fühlen sich vom Staat getäuscht, reglementiert, verfolgt. Dabei haben sie mit keinerlei staatlicher Repression zu rechnen. Die einzige, schwer erträgliche Gängelung: Den genehmigten Demonstrationsweg durch die Innenstadt müssen sie einhalten, Ein-Meter-Abstand plus Masken. Ächtung droht in allenfalls in milder Dosierung. Tuchfühlung mit der Staatsmacht gibt es lediglich, wenn ein Mob im Kampf gegen die Corona-Diktatur am Rande einer Demonstration versucht, ins Berliner Reichstagsgebäude einzudringen. Doch das gelang nur bis zur Aufgangstreppe, dann drängten Polizisten die militanten Wirrköpfe zurück. Der Wutmensch ist der politische Phänotyp der Stunde. Seine politische Chiffre reicht von links bis rechts, von esoterisch bis vollends wirr. So wie der Fußball-Hooligan sich nicht primär für das Fußballmatch interessiert, so interessiert den Polit-Hooligan nicht so sehr die politische Debatte. Seine Wut speist sich aus einer Wirklichkeitsverleugnung, konserviert und aktiviert in kollektiven Echoräumen.

In den düsteren Zeiten der Pandemie scheint bei vielen Demonstranten einiges verloren gegangen zu sein: erst die Vorsicht, dann die Vernunft – schließlich auch das Vertrauen in die Politik. Sie misstrauen einem Staat, von dem sie behaupten, er werde als Nächstes eine »Corona-Diktatur« errichten, angeführt von der »Putschistin« Angela Merkel und dem »Obristen« Olaf Scholz. Wo Misstrauen im Überfluss produziert wird, grassiert rasch der Verdacht, die ganze Existenz staatlicher Institutionen könne am Ende vielleicht nur eine gigantische Täuschung sein, hinter der sich finstere Eliten verbergen. Eine extreme Ausformung, die in den psychopathologischen Bereich geht, erleben wir in »Bewegungen« wie dem durchgeknallten »Q-Anon«-Glauben, wonach gewaltige und geheime Drahtzieher unter der Oberfläche der Gesellschaft ein verbrecherisches Regime führen. Das wiederum treibt Verwirrte, die alle möglichen Beschwernisse und Unglücke des Lebens stets irgendwelchen organisierten Mächten zuschreiben möchten, auf die Straße. Sie wähnen sich moralisch absolut »auf der richtigen Seite«.

In der Mehrheit seien die Demonstranten, so wird verkündet, zwar empörte, aber alles in allem doch friedliche Bürgerinnen und Bürger. Herr Biedermann und Frau Demeter seien eben besorgt und dies wollten sie auch öffentlich sichtbar machen. Niemand sollte dagegen Einwände haben. Demokratie lebt vom Widerspruch. Keine Frage: Das Virus hat viele Menschen in schwierige Situationen gebracht, wirtschaftlich und mental. Und je länger die Pandemie andauert, umso existentieller die Folgen. Aber muss es gleich dazu führen, dass es auch die objektive Faktenlage samt Bewusstsein vernebelt?

Als das neuartige Corona-Virus im Dezember 2019 erstmals in Wuhan (China) auftauchte, hätten selbst die erfahrensten internationalen Gesundheitsexperten nicht damit gerechnet, dass es die schlimmste globale Gesundheitskrise seit über hundert Jahren verursachen würde. Immerhin gibt es Hoffnung: neue Erkenntnisse, neue Strategien, neue Impfstoffe. Davon wollen Querdenker nichts wissen. Sie bleiben dabei: Geheime Netzwerke, böse Drahtzieher, komplexe Komplotte beherrschen die Welt. Belege liefern düstere »Wahrheiten« aus den Echokammern des Bösen. Verschwörungserzählungen haben eine lange Laufzeit, sie sind Bestseller im Internet. Die Inhalte: ein buntes Sammelsurium aus Bildern, Videos, Screenshots, Sprachnachrichten und wüsten Textnachrichten, die allesamt eines beweisen sollen: Corona ist eine einzige universelle Verschwörung.

Man muss kein Anhänger der Verschwörungsbewegungen sein, um zu erkennen, dass sich die Balance zwischen Individuum und Kollektiv markant zugunsten eines autoritären, dirigistischen Staats verändert. Individual-Grundrechte werden einer Kollektiv-Volksgesundheit untergeordnet. Unter dem Vorwand der Pandemiebekämpfung beansprucht der Staat

Rechte, die vor der Pandemie dem Einzelnen zustanden. Der Einzelne tritt zurück hinter dem Großen und Ganzen – zumindest temporär. Staatliche Ordnungspolitik diskreditiert Grundrechte als schlichten Egoismus.

Da drängen sich Fragen auf: Sind staatliche Einschränkungen nur so weit legitim, als sie die Freiheit der anderen (besser: aller!) sichern? Ist die Beschneidung des individuellen Rechts ein Deal, bei dem der Staat im Gegenzug als eine Art Lebensversicherung fungiert? Vor allem: Sind die massiven grundrechtlichen Einschränkungen (Ausgangssperren, Bannmeilen, aber auch Impfungen) überhaupt noch verhältnismäßig oder schon demokratiegefährdend? Einigkeit ist nicht herzustellen. Während die einen – nicht unbedingt nur bekennende Corona-Leugner – dem Staat misstrauen, rufen andere nach ihm. Demokratie heißt Pluralismus, der kleinste Nenner: Pro und Contra. Davon lebt eine offene Gesellschaft.

Blicken wir auf die andere Seite, auf die staatstreuen »Pro«-Bürger. Er oder sie sehnt sich nach harten Maßnahmen, klaren Vorgaben. Je länger die Pandemie dauert, um so mehr werden starke Führung und Autorität erwartet. Der Staat soll Vormund sein. Selbst ansonsten kritische (oder gleichgültige) Bürger applaudieren staatlichen Maßnahmen zur Gefahrenabwehr, verteidigen Verbote, Ausganssperren, Schul- und Theaterschließungen – kurzum: Sie akzeptieren die Einschränkungen ihrer Grundrechte und opfern bereitwillig etwas Freiheit für den Sieg über das Virus. Und klar: Sie sind unbedingt für Impfpflicht und dass die Bundeswehr zur Pandemiebekämpfung im Inneren eingesetzt wird und für eine Corona-App, die noch mehr Informationen zur Verfügung stellt, auch wenn es auf Kosten des Datenschutzes geht. Sie haben keine Bedenken gegen einen Obrigkeitsstaat, der tief in das Leben seiner Bürgerinnen und Bürger eingreift. Vorwärts! Regieren und entscheiden, wenn es sein muss, auch ohne Parlament. Mit sehnsüchtigen Augen blicken sie nach Fernost, wo die Pandemie mit Big-Brother-Methoden bekämpft wird. Sie bewundern China: großartig! Totalüberwachung aller Handydaten, Drohnen, Gesichtserkennung, Polizeigewalt – all das spielt offenbar kaum eine Rolle.

In einem Beitrag für die *Süddeutsche Zeitung* plädiert der Schriftsteller Thomas Brussig etwa dafür, in der Krise doch »Mehr Diktatur!« zu wagen. Das sei das Gebot der Stunde, denn: In einer Ausnahmesituation bedürfe es eben Ausnahmeregeln. Der Virus zwinge uns, Grundrechte temporär nicht ganz so wichtig zu nehmen und auf liebgewonnene Rituale zu verzichten. Die Demokratie mit all ihren Freiheiten und Grundrechten bleibe, so Brussig, dennoch selbstredend der Regelzustand. Die Verhältnismäßigkeit der Maßnahmen ergibt sich für ihn schlichtweg aus der Frage nach ihrer Wirksamkeit. Denn das Geschehen werde durch einen Akteur dominiert, dem das alles egal sei: dem Virus.

Man will dem Schriftsteller Brussig, der bislang mit Bestellern wie *Sonnenallee* und *Helden wie wir* bekannt wurde, zurufen: Ja, das Virus kennt keine Staatsform, aber eine Pandemie ist nicht unbedingt dazu geeignet, die Systemfrage zu stellen. Es braucht auch keinen diktatorischen »Ausnahmezustand«, von dem der Autor weder sagt, wer ihn ausruft, noch wer oder was ihn beenden kann. Wer sollte der Diktator sein? »Von wem sollte die Macht denn ausgehen, vom Robert-Koch-Institut und dem Kanzelamt? Oder von der bayerischen Staatskanzlei?«, fragt – ebenfalls in der *Süddeutschen Zeitung* – der Zeithistoriker René Schlott.

Brussigs Sehnsucht nach einer vorübergehenden, kurzfristigen Diktatur, findet seine Entsprechung im populären Ruf nach dem starken Mann. Wohin soll es gehen? Nach dem Infektionsschutzgesetz sind zwanzig freiheitsbeschränkende

»Schutzmaßnahmen« in Kraft. Welche weitere diktatorischen Anordnungen sollte es für diesen Fall geben? Haft für Quarantänebrecher, verdachtsunabhängige Personenkontrollen mit zwangsweisen Schnelltest, Sprechverbot in öffentlichen Verkehrsmitteln, soziale Kontakte nur nach behördlicher Anmeldung oder gleich die Abriegelung ganzer Städte?

Die Mütter und Väter des Grundgesetzes haben übrigens schon 1945 ausdrücklich eine Ewigkeitsklausel für die Grundrechte und ein bedingtes Widerstandsrecht formuliert, »gegen jeden, der es unternimmt, diese Ordnung zu beseitigen«, vorausschauend gegen jede Verlockung, bei passenden Gelegenheiten doch wieder ein kleines Stückchen Diktatur zu reaktivieren. Wer wie Brussig leichtfertig (oder ist es historische Ahnungslosigkeit?) nach autoritären Maßnahmen des Staates fordert, dem sei unbedingt die Lektüre des Grundgesetzes als Pflichtlektüre empfohlen.

Heribert Prantl, Publizist und Jurist, bleibt nur Kopfschütteln. Der ehemalige Politikchef der *Süddeutschen Zeitung* will die Wirklichkeit nicht verleugnen, aber elementare Grundrechte verteidigen: die Freiheit der Person, die Bewegungsfreiheit, das Recht auf Kommunikation. »Was wir brauchen, ist nicht noch mehr Härte beim Lockdown, sondern mehr Differenzierung«, sagt er. Denn Demokratie heißt nicht, alles über einen Kamm zu scheren. Und noch etwas macht ihm Sorgen: Es entscheiden Gremien, die im Grundgesetz gar nicht vorgesehen sind. »Es gibt in der deutschen Rechtsordnung kein ›Konzil‹ der Ministerpräsidenten und der Bundeskanzlerin. Es kann nicht sein, dass Merkel, Laschet und Söder hinter verschlossenen Türen entscheiden und dann sagen: Hier geht es jetzt lang.«

Demokratie braucht Transparenz und Vertrauen. Das ist die Währung der Demokratie. Mangelt es daran, schafft es ein Klima des Misstrauens, der Angst, der Aggression. Notwendig ist ein kollektives Einverständnis, eine breite Zustimmung etwa zu Maßnahmen, die unsere Grundrechte einschränken. Darüber kann nicht allein die Regierung entscheiden, darüber muss in einem Rechtsstaat im Parlament geredet werden. Die Parlamente vertreten den Souverän. Sie sollten eigentlich der Ort der Diskussion sein, der politischen Debatte und am Ende der demokratischen Entscheidung.

Dass dies unzureichend und zu spät gesehen ist, hatte und hat ungute Auswirkungen und wirkten als Beschleuniger für verwirrte Querdenker-Proteste gegen die staatliche Pandemiebekämpfung.

Keine Frage: Die Stimmung im Lande ist angespannt. Die Auseinandersetzung ist giftig geworden. Wir merken es alle. Das Virusgift hat auch den gesellschaftlichen Diskurs erfasst, es betrifft die Befürworter der Maßnahmen genauso wie die Gegner. Es wird verbissen gestritten, nicht diskutiert. Nicht Hinhören und Austauschen, sondern Abgrenzen und Ausgrenzen. Spaltung und Radikalisierung sind die Folgen. Ein Mix aus Hass, Hetze und Beleidigung macht sich breit, vor allem in digitalen Echo-Räumen. Auch wenn es mühsamer ist, als mit Gleichgesinnten das eigene Weltbild zu pflegen, eine offene Gesellschaft braucht diese Räume.

Nein, weder sind wir auf dem Weg in einen »faschistoiden Hygienestaat« (eine geschichtsvergessene Terminologie), noch entledigt sich das Parlament durch ein »Ermächtigungsgesetz« (auch dieses Wort ist ein Missgriff) seiner Verantwortung, aber den Bürgern wird viel zugemutet: Kontaktbeschränkung, Reisebeschränkung, finanzieller Ruin. Am Düsseldorfer Rheinufer durfte man nicht mal mehr stehen bleiben: »Verweildauerverbot« nannte sich diese Anordnung, und Polizei und Ordnungsämter waren beauftragt, Verstöße mit einem Bußgeld zu ahnden. Bislang ertrug der disziplinierte Verfassungs-Bürger das alles meist stoisch. Er ist auch in Vorleistung gegangen, mit

Hygienekonzepten, Disziplin, Verständnis. Im gleichen Zeitraum kann die Bundesregierung für sich allenfalls ins Feld führen, die schnelle Entwicklung von Impfstoffen wenigstens nicht aktiv verhindert zu haben. Wenn die Pandemie uns nun noch immer beherrscht, ist das auch ein Staatsversagen. Die Frage drängt sich auf, wie lange, geduldig und diszipliniert der Verfassungs-Bürger diesen Zustand noch akzeptiert?

Der Kölner Strafrechtler Wolfram Höfling, von 2012 bis 2020 Mitglied des Deutschen Ethikrats, empfiehlt trotz allem kritische Gelassenheit. »Im Großen und Ganzen erweist sich unsere Pandemiepolitik als ein verfassungsverträgliches, lernendes System«, stellt er in einem Interview mit dem *Berliner Tagesspiegel* fest. Wir wollen seinen Worten Glauben schenken. Demokratie, das bleibt festzuhalten, lebt vom Diskurs – und vom Kompromiss. In jedem Fall aber gilt: Wir müssen die Krise mit den Mitteln der Demokratie bewältigen.

(März, 2021)

Beamtenland ist abgebrannt

Schon Carl Ludwig Börne (1786 – 1837) wusste, dass man »ohne Witz nicht auf die Menschen wirken kann ...«. Also, dann ... Kennen Sie den? Woran merkt man, dass Beamte streiken? Daran, dass alles viel schneller und besser funktioniert! – Doch daraus wird vorerst nichts. Beamte dürfen auch zukünftig nicht streiken, das entschied vor Jahren das Bundesverfassungsgericht. Die Richter wiesen damit die Klage von vier beamteten Lehrern zurück. Diese hatten argumentiert, das Streikrecht sei ein Menschenrecht. Um einen handlungsfähigen Staat zu gewährleisten, könne man deshalb nicht allen Beamten den Streik verbieten, sondern allenfalls den »hoheitlich Tätigen«, also etwa Polizisten, Richtern und Soldaten. Dem erteilten die Karlsruher Richter eine Absage: Lehrer dürften schon allein deshalb nicht streiken, weil das Bildungssystem einen hohen Stellenwert habe. Schließlich würden auch nicht alle Gewerkschaftstätigkeiten verboten, sondern nur das Streiken.

Warum aber sollen Abteilungsleiter in der städtischen Personalabteilung oder Sachbearbeiter am kommunalen Bauhof eigentlich nicht streiken dürfen? Auch nicht überlastete Lehrer und gestresste Gerichtsvollzieher? Gönnen wir nicht allen bessere Arbeitsplätze und bessere Bezahlung? Sicher, die Frage ist nur, ob Lehrer, Sachbearbeiter und Gerichtsvollzieher Beamte sein müssen. Und da ist die Antwort eindeutig: Nein, müssen sie nicht. Im Gegenteil.

Unsere Beamten: Mal werden sie beneidet, mal verspottet. Fest steht: Ihr Job ist sicher. Egal ob sie ein Sabbatical einlegen, Eltern- und später Teilzeit beanspruchen oder sich gleich für ein paar Jahre beurlauben lassen: Ihr Arbeitsplatz steht unter so etwas wie Denkmalschutz. Etwa 1,8 Millionen Beamte in Deutschland profitieren von solcherlei Privilegien. Laut Jobbeschreibung sollen sie »hoheitliche Staatsaufgaben« wahrnehmen. Hohle Phrasen, monieren Kritiker, denn was »hoheitliche Aufgaben« (gemeint, allein dem Staat obliegende Aufgaben) sind, werde zunehmend mit Blick auf den klammen Haushalt definiert.

Der Staat mag durchaus etwas von dieser Form des stabilen Arbeitsverhältnisses mit loyalen Arbeitnehmern haben. Wer Beamter sein möchte, muss schließlich bereit sein, Einschränkungen seiner Grundrechte zu akzeptieren. Zu Beginn der Laufbahn legt er oder sie einen Diensteid ab und schwört, stets die Weisungen Vorgesetzter zu befolgen – das nennt sich nüchtern Gehorsamspflicht. Das Recht auf freie Meinungsäußerung gibt es, bezogen auf den eigenen Job, nur auf dem Dienstweg. Wer sich ungefragt und öffentlich zu brisanten Behördenthemen äußert, dem droht Ungemach. Auch nach Feierabend und abseits des Arbeitsplatzes besteht für Beamte die Pflicht zum Wohlverhalten. Vorbildliche Bürger/innen sollen sie sein, also unauffällig und gesetzestreu. Verstöße werden je nach Verfehlung im außergerichtlichen Disziplinarverfahren oder auch mal in gerichtlichen Disziplinarverfahren vor den Verwaltungsgerichten geahndet. Im Extremfall kann das zur Entfernung aus dem Dienst führen. Polemiker sagen, Beamte tauschten diese Vasallentreue gegen Sicherheit ein.

Dass sich die Rechnung auch für den Staat als Arbeitgeber wirklich lohnt, ist inzwischen mehr als zweifelhaft. Beamte sind teuer, und zwar insbesondere dann, wenn die Staatsdiener/innen schon gar nicht mehr arbeiten, sondern ihren Ruhestand genießen. Denn für ihre Pensionen steht der Staat gerade. Weil in einer ohnehin stark alternden Gesellschaft nun ein geburtenstarker Pensionisten-Jahrgang bereitsteht, werden in der Folge die Pensionslasten durch Beamte von Bund und Ländern rasant steigen.

Beamte sollen »hoheitliche Staatsaufgaben« wahrnehmen. Doch was »hoheitliche Aufgaben« sind, ob wirklich so viele Aufgaben des Staates mit einem hoheitlichen Beamtenstatus einhergehen müssen – mit den entsprechenden Folgerisiken für die Staatsfinanzen –, darüber darf gestritten werden. Braucht es das für den Lehrerberuf, für eine Hochschulprofessur oder eine Karriere beim Zoll?

Beispiel Lehrer: Dort, wo die Kassenlage angespannt ist – also in allen Bundesländern –, war in der Vergangenheit auf die Verbeamtung von Lehrkräften großzügig verzichtet worden. Stattdessen vergab der Staat Angestelltenverträge, häufig in Form kurzfristiger Anstellungen, oft nur von Schuljahr zu Schuljahr. Das sparte Geld. Nicht selten entstand daraus eine Zweiklassenzunft mit ungleicher Bezahlung für gleiche Arbeit und mit einseitigen Privilegien. Gift für das Betriebsklima im Lehrerzimmer. Mittlerweile überbieten sich die Bundesländer im harten Wettbewerb um Lehrkräfte mit der Aussicht auf zeitnahe Übernahme in den Beamtenstatus – samt vieler Privilegien.

Dass Lehrkräfte in unserem Land dringend benötigt werden, daran erinnern uns regelmäßig alarmierende Meldungen aus den Niederungen deutscher Schul- und Bildungswirklichkeit, wie etwa die aktuellen Ergebnisse der Internationalen Grundschul-Lese-Untersuchung (IGLU). Jedes vierte Kind, heißt es dort, kann nach vier Grundschuljahren nicht richtig lesen und erreicht nicht das Mindestniveau beim internationalen Standard. Ein besorgniserregender Befund.

Wir sind uns einig: Es braucht allerorten mehr Lehrerinnen und Lehrer, kleinere Klassen, bessere Ausstattung. Es braucht gute Bezahlung, gute Arbeitsplätze und Wertschätzung – aber das geht auch ohne Beamtenstatus. Schließlich sind sechzig Prozent der im öffentlichen Dienst Beschäftigten keine Beamten – und trotzdem bekommt man zuverlässig Steuerbescheide und Strafzettel, Schulzeugnisse und Sozialhilfe.

Klar ist: Wo Regeln sind, braucht es Bürokratie. Ohne Gesetze geht es nicht, auch nicht ohne eine Verwaltung, die die Gesetze anwendet, managt und kontrolliert. In Deutschland gelten mehr als 2000 Bundesgesetze und mehr als 3000 Bundesrechtsverordnungen. Ständig kommen Änderungen, Erweiterungen und neue Gesetze hinzu. Alles will staatlich geregelt werden in diesen fragilen Zeiten. Aber braucht es dazu ein Heer von Beamten? Von den 4,9 Millionen Beschäftigten im öffentlichen Dienst im Jahr 2020 waren 61,6 Prozent Arbeitnehmer, 34,9 Prozent Beamte und Richter sowie 3,5 Prozent Berufs- und Zeitsoldaten.

Zum Vergleich: in Frankreich ist der Anteil der Staatsbediensteten 24,3 Prozent, in Finnland 22,9 Prozent, in den Niederlanden 21,4 Prozent und in Spanien 12 Prozent. Die Japaner zeigen, wie ein schlanker Staat aussieht: gerade mal 7,9 Prozent Beamtentum. Und man kann nicht behaupten, dass das Land dadurch zum Stillstand kommt. Dass die Quote an Beamten stabil bleibt, dafür sorgt hierzulande der mächtige Deutsche Beamtenbund. Kein Politiker legt sich freiwillig mit ihm an. Staat und Beamtenschaft – das ist eine Allianz mit Tradition.

Als Vater des deutschen Berufsbeamtentums gilt Friedrich Wilhelm I. von Preußen, der »Soldatenkönig«. Er berief ausgediente Soldaten zu Beamten und schuf die Treuepflicht als Pendant zum Gehorsam beim Militär. Die Beamten sollten ihrem König mit voller Hingabe dienen. Er war es, der Rangordnungen einführte, aber auch Pflichtbewusstsein, Loyalität und Unbestechlichkeit verlangte.

Damals hatte der Monarch sicher nicht vorhergesehen, wie sich dieses System in den folgenden drei Jahrhunderten entwickeln würde und dass es wegen der Pensionslasten für die Staatsfinanzen richtig teuer werden könnte. Beamte erhalten als Pension maximal ca. 72 Prozent ihres Bruttogehalts, das sie während der zwei Jahre vor dem Ruhestand bezogen haben. Der genaue Satz ist abhängig von der geleisteten Dienstzeit – pro Jahr erhöht er sich um rund 1,79 Prozent. Um den maximalen Satz zu bekommen, müssen sie eine Dienstzeit von vierzig Jahren erreichen. Da viele Beamte wegen Beurlaubung oder Teilzeit mit weniger Dienstjahren in den Ruhestand gehen, liegt laut Versorgungsbericht der Bundesregierung der durchschnittliche Ruhegehaltssatz zum Stichtag 1. Januar 2022 bei 68 Prozent.

In absoluten Zahlen bedeutet das: Beamte erhielten im Schnitt eine Pension von ca. 3100 Euro, wobei Männer durchschnittlich 3.300 Euro bekamen, Frauen 2.770 Euro. Spitzenbeamte des Bundes (auch der Länder) kamen auf durchschnittlich 4840 Euro. Von solchen Summen können normale Rentner nur träumen. Ihr Versorgungsniveau liegt im Vergleich dazu, gemessen am Einkommen, um mehr als 20 Prozentpunkte niedriger. Ein eklatantes Missverhältnis.

Doch so gut wie die rüstigen Pensionäre der Jetztzeit werden es künftige nicht mehr haben. Auch wenn Lobby-Funktionäre gern den Untergang des Behörden-Abendlandes an die Wand malen, wird es dem flächendeckenden Beamtenstaat und den anachronistischen Privilegien an den Kragen gehen. Das Beamtentum ist aus der Zeit gefallen und gehört abgeschafft. Beamte sollten allein hoheitliche Aufgaben übernehmen, etwa in der Justiz, als Polizisten oder beim Zoll. Alle anderen sind Angestellte des öffentlichen Dienstes. Das spart viel Geld, hilft den Rentenkassen, befriedet Konflikte über Privilegien – und ermöglicht das Streikrecht.

Ach, noch ein kleiner Nachsatz. Aus einer Antwort des Finanzministeriums auf eine Anfrage des CSU-Bundesabgeordneten Wolfgang Stefinger geht hervor: Das Kanzleramt und die 15 Bundesministerien haben seit Regierungsbeginn 2021 insgesamt 1710 zusätzliche Beamtenstellen geschaffen. Das ist ein Plus von 82 Prozent, hat der Bund der Steuerzahler ausgerechnet. Begründet wird der Zuwachs der Regierung mit dem Hinweis, dass immer mehr Aufgaben zu bewältigen seien. Nach dem Motto: Viel braucht viel. Der Fraktionsvorsitzende der Linken, Dietmar Bartsch, lästert, bei der Bundesregierung werde quasi »im Minutentakt verbeamtet«. Die Ampelregierung, das dürfen wir festhalten, setzt wie angekündigt auf den »vollschlanken Staat«.

(November, 2023)

Ohne Presse keine Freiheit

Die Repressionen gegen Journalisten und Journalistinnen nehmen weltweit zu. Das geht aus der Jahresbilanz der Nichtregierungsorganisation Reporter ohne Grenzen (RSF) hervor. Demnach sitzen derzeit (im Dezember 2022) mindestens 533 Menschen in Gefängnissen, nur weil sie das getan hatten, was ihr Beruf von ihnen verlangt: Sie hatten recherchiert, fotografiert, kommentiert und berichtet. Eine erschütternde Bilanz: Es ist die höchste Zahl an registrierten Inhaftierungen, seit die Statistik erhoben wird. Die Hälfte aller Inhaftierten sitzt in Gefängnissen in nur fünf Ländern ein: China, Myanmar, Iran, Vietnam und Belarus. Aber auch in Russland, darauf verweist der Bericht, greift der Staat gegen Journalisten und Journalistinnen hart durch. Wer nach Beginn des Angriffskrieges gegen die Ukraine im Land geblieben ist, muss angesichts der drakonischen Strafen im Untergrund arbeiten. Für das »Verbreiten von Falschinformationen über die russische Armee« – also kritischer Beiträge und Kommentare zu Kriegsführung und Militäraktionen – drohen bis zu 15 Jahre Gefängnis.

»Autoritäre Regime gehen verstärkt dazu über, störende Journalistinnen und Journalisten einfach wegzusperren«, heißt es im Bericht. Weltweit sind im Jahr 2022 bislang 57 Medienschaffende getötet worden, im Vorjahr waren es 48 gewesen. Mit einem Anteil von fast 65 Prozent kam die Mehrzahl der getöteten Journalistinnen und Journalisten außerhalb von

Kriegsgebieten ums Leben, teilte RSF mit. Ein Beruf häufig mit tödlichem Risiko.

Das gefährlichste Land bleibt Mexiko: Dort wurden mindestens elf Journalistinnen und Journalisten ermordet. In einer Erklärung mit dem Titel »Mexiko muss handeln, um seine Journalisten zu schützen«, forderte Reporter ohne Grenzen schon im Juli die Regierung von Präsident López Obrador dazu auf, die Sicherheit für die Medienschaffenden in seinem Land zu verbessern. Bisher ohne Wirkung. Die Gewalt in Mexiko hat mittlerweile erschreckende Ausmaße angenommen. Im Schnitt werden 94 Morde pro Tag registriert. Fast immer steckt das organisierte Verbrechen dahinter. Wer recherchiert und berichtet, riskiert sein Leben. Ohnehin: Der amerikanische Doppelkontinent gilt insgesamt als die gefährlichste Region für Journalistinnen und Journalisten. Fast die Hälfte aller getöteten Medienschaffenden kam dort ums Leben.

Einschüchterung, Repression, Verhaftung – die Freiheit der Presse ist weltweit in Gefahr, wenn sie überhaupt stattfindet. In vielen Ländern kann davon keine Rede sein. Ein Blick in die Rangliste der Pressefreiheit ist erschütternd – doch nicht überraschend. Im untersten Teil der Tabelle befindet sich nach wie vor China (Platz 175) – unter anderem aufgrund nahezu allumfassender Internetzensur und Überwachung sowie Propaganda im In- und Ausland. In Iran (178) beobachtet RSF seit dem vergangenen Jahr eine Zunahme von willkürlichen Verhaftungen und Verurteilungen. Totalitäre Regime, die seit Jahren auf den letzten Plätzen rangieren, machen auch diesmal die Plätze unter sich aus: Turkmenistan (177), Eritrea (179) und Nordkorea (180). Allen dreien ist gemeinsam, dass die jeweilige Regierung die komplette Kontrolle über sämtliche Informationsflüsse hält; eine unzensierte Berichterstattung ist unmöglich.

Doch es gibt auch erfreuliche Konstanten. In der Rangliste der Pressefreiheit machen wie in den vergangenen Jahren die skandinavischen Länder die Spitzenplätze unter sich aus: Zum sechsten Mal in Folge liegt Norwegen auf Platz 1, unter anderem aufgrund eines großen Medienpluralismus, großer Unabhängigkeit der Medien von der Politik, starker Informationsfreiheitsgesetze und eines trotz gelegentlicher Online-Attacken journalistenfreundlichen Klimas. Es folgen Dänemark (2) und Schweden (3) mit ähnlich guten Voraussetzungen für journalistische Berichterstattung. Mit Estland (4) ist erstmals eine ehemalige Sowjetrepublik auf den vorderen Plätzen gelistet. Im Unterschied zu anderen Ländern verzichten Politikerinnen und Politiker in diesen Ländern weitgehend auf Attacken auf Medienschaffende, was eine kritische, freie Berichterstattung ermöglicht. Auch auf die zunehmende Online-Hetze haben die dortigen Medienhäuser mit diversen Schutzmaßnahmen für ihre Beschäftigten reagiert. Auf Platz 5 folgt Finnland.

Und wie steht es um Deutschland? Die Lage hierzulande (Rang 16 von 180) hat sich um drei Plätze (Vorjahr: Rang 13) leicht verschlechtert. Für diese Entwicklung sind drei Gründe zentral: eine Gesetzgebung, die Journalistinnen und Journalisten sowie ihre Quellen gefährdet, abnehmende Medienvielfalt sowie Gewalt bei Demonstrationen. Die Zahl der gewaltsamen Angriffe lag mit 80 von RSF verifizierten Fällen so hoch wie noch nie seit Beginn der Dokumentation im Jahr 2013. Bereits im Vorjahr war mit 65 Fällen ein Negativrekord erreicht worden. Die meisten der Angriffe (52 von 80) ereigneten sich bei Protesten des »Querdenken«-Spektrums gegen Corona-Maßnahmen, an denen regelmäßig gewaltbereite Neonazis und rechte Gruppen teilnahmen. Kein Presseausweis schützte davor, mitunter bespuckt, niedergebrüllt und bei der Arbeit gehindert zu werden. Dass Betroffene sich häufig über mangelnde Unterstützung durch die Polizei beklagten, lässt die Attacken noch düsterer erscheinen. Zudem wurden zwölf Angriffe der Polizei auf die Presse dokumentiert.

Auf der Ebene der Gesetzgebung kritisiert RSF die Cybersicherheitsstrategie der Bundesregierung, die nur mangelnden Quellenschutz garantiert und eine Ausweitung der Befugnisse für Sicherheitsbehörden vorsieht. Mit der Reform des Verfassungsschutzrechts räumte der Deutsche Bundestag im Juni 2021 erstmals allen Nachrichtendiensten die Möglichkeit ein, mittels Spähsoftware in Smartphones und Computer einzudringen und verschlüsselte Nachrichten und Telefonate via Signal, Telegram, WhatsApp und Co. mitzuschneiden. Auch das Defizit beim Auskunftsrecht von Medien gegenüber Bundesbehörden wird kritisiert. Schließlich wird die weiter abnehmende Pressevielfalt bei den Tageszeitungen moniert. Kein guter Zustand.

Es braucht Kritik und Kontrolle. Unsere Demokratie ist eine fragile Konstruktion, die Freiheit der Presse eines ihrer Herzstücke. Es gilt, was Albert Camus einst zur kooperativen Bedingtheit von Freiheit und Presse schrieb: »Eine freie Presse kann gut oder schlecht sein, aber eine Presse ohne Freiheit kann nur schlecht sein.« Wir sollten ihm uneingeschränkt zustimmen.

(Januar, 2023)

Die Welt ist nicht so harmlos, wie wir sie uns wünschen

Putins Krieg in der Ukraine zeigt uns: Die Welt heute ist nicht so harmlos, wie wir sie uns wünschen. »Wir sind Zeitzeugen eines der seltenen Momente, wo Geschichte und Gegenwart eins werden. Gegenwart wird nicht erlebt, Geschichte wird gemacht«, schreibt Gabor Steingart in seinem *Morning Briefing*.

Das »Zeitalter des Friedens« sei vorbei, wird nun im Chor verkündet. Unerwähnt bleibt, dass während der letzten vierzig Jahre nirgendwo auf der Welt außer in den westeuropäischen Bequemlichkeits-Regionen ein »Zeitalter des Friedens« existiert hat. Auch warum Putin nicht schon wegen seiner Kriege in Tschetschenien, Georgien oder der Krim-Annexion zur *Persona ingrata* erklärt wurde, bleibt unbeantwortet. Putin war seit jeher ein Tyrann, ein Machtmensch, ein Diktator – und doch von westlicher Politik und Wirtschaft geduldet und umgarnt, weil er Garant für einen beidseitig akzeptablen und lukrativen Status quo war. Morde an kritischen Journalisten (selbst mitten in Berlin), Verfolgung und Opposition, Straflager für Nawalny und andere? Der Westen schaute gern weg.

Nun rüstet Deutschland auf. 100 Milliarden für Wehrertüchtigung und Rüstung, das Zwei-Prozent-Ziel der NATO soll künftig erfüllt werden. Es ist die größte Aufrüstung seit Jahrzehnten – und der Aufmarsch einer »neuen deutschen Robustheit« hat gerade erst begonnen. Ohne Waffen Frieden zu schaffen, gilt jetzt als unmoralisch. Ein neuer Verteidigungsfuror ergreift das Land. Einige fordern schon die Rückkehr der allgemeinen Wehrpflicht.

Putins Krieg in der Ukraine: Die Realität hat uns Deutschen das schöne, pazifistische Selbstbild gestohlen, vor allem den Grünen. Ausgerechnet mit ihrer Beteiligung schraubt die Regierung nun den Wehr-Etat auf Rekordhöhen und bricht mit dem Grundsatz, keine Waffen in Kriegsgebiete zu schicken. Der radikale Kurswechsel der deutschen Außenpolitik zwingt alle Ampel-Partner zu einem Abschied von lang gepflegten Gewissheiten. Auch die SPD ist zu einem tiefgreifenden Umdenken gezwungen, schließlich gehörten Abrüstung und Entspannung bislang zur politischen DNA der Sozialdemokraten. Nach der historischen Rede von Kanzler Scholz im Bundestag zeigt sich: Die ganz eigene deutsche Form weltanschaulicher Neutralität, die sich zwar mit moralischem Impetus aus den schmutzigen Niederungen der Weltpolitik heraushält, aber scheinbar kein Problem damit hat, einer lupenreinen Diktatur wie Ägypten Waffen (allein im letzten Jahr) im Wert von 4,34 Milliarden Euro zu verkaufen – diese geschäftstüchtige politische Lebenslüge, sie ist obsolet geworden.

Putins Krieg in der Ukraine zwingt uns, unseren bislang skandalösen Umgang mit Diktaturen zu beenden. »Unser moralisches Koordinatensystem ist dringend reparaturbedürftig«, schreibt Nils Klawitter im *SPIEGEL*. Jetzt also radikales Umdenken, konsequentes Handeln – gemeinsam diesmal. Europa ist dabei, neben der Sprache des Dialogs nun die »Sprache der Macht« zu lernen. Die EU zeigt dabei eine Geschlossenheit und Entschlossenheit, die viele überrascht. Sie setzt ihre ganze Macht ein, um Wladimir Putins Pläne zu durchkreuzen. Harte Sanktionen, das partielle Abklemmen Russlands von Swift, weltweite Ächtung und Boykotte. Putin wird demaskiert: Er ist nicht mehr Gaslieferer, sondern ein Kriegsherr.

»Am 24. Februar 2022 ist der Panzer des ›aufgeklärten Autokraten‹, den Putin all die Jahre trug, abgefallen«, schreibt Wladimir Sorokin in einem Gastbeitrag der *Süddeutschen Zeitung*. Der russische Schriftsteller und Dramaturg ist einer der schärfsten Kritiker des politischen Systems Russlands. »Die Welt hat das Monster erblickt, wahnhaft, gnadenlos. Ganz allmählich war das Ungeheuer gewachsen, berauscht von absoluter Macht, imperialer Aggressivität und Gehässigkeit, angetrieben vom Ressentiment gegenüber dem Ende der UdSSR und vom Hass auf die westlichen Demokratien«, so Sorokin. Und er öffnet uns noch einmal die Augen, wenn er warnt, dass wir es künftig nicht mehr mit dem vorigen Putin zu tun haben würden, sondern mit einem neuen. Und mit dem werde es keinen Frieden mehr geben. Putin mag sich als Kriegsherr fühlen, aber er ist ein Geächteter. Er wird für seinen vorsätzlichen und grundlosen kriegerischen Irrsinn einen hohen Preis zahlen.

Noch eine Marginalie, eine beschämende, die in diesen beängstigenden, kriegerischen Zeiten an dieser Stelle erwähnt werden soll: die peinliche Kehrtwende der Manuela Schwesig. Einst warb die SPD-Ministerpräsidentin im Landtag von Mecklenburg-Vorpommern für die Inbetriebnahme der umstrittenen russischen Gas-Pipeline Nord Stream 2 und für eine »Klimastiftung«, deren Kapital fast ausschließlich von der Nord Stream 2 AG stammt, einer Tochter der staatlich kontrollierten russischen Gazprom. Immerhin 20 Millionen Euro. Sie wolle »etwas Gutes für das Land und die Bürgerinnen und Bürger tun«, sagte die SPD-Frau. Nun heißt es: Die Stiftung soll umgehend abgewickelt werden. So erbärmlich kann Realpolitik sein.

(Juni, 2022)

Falsches Schweigen

Die Tat war barbarisch: Im Oktober wurde der 47-jährige Lehrer Samuel Paty nahe seiner Schule in einem Pariser Vorort auf offener Straße enthauptet. Der Täter: ein junger islamistischer Terrorist. Patys »Verbrechen«: In seiner Unterrichtsstunde zum Thema Meinungsfreiheit hatte er Mohammed-Karikaturen aus der Satirezeitschrift *Charlie Hebdo* gezeigt. Er wollte Denken lehren, nicht Glauben.

Der Mord löste Entsetzen aus. Präsident Macron hielt daraufhin ein Plädoyer für Meinungsfreiheit auf einer Trauerfeier und verteidigte die religionskritischen Karikaturen und Texte. Dafür bekam er viel Kritik, vor allem in der islamischen Welt. Das sunnitische Rechtsinstitut Al Azhar in Kairo verurteilte Macrons Aussagen als »rassistisch und dazu geeignet, die Gefühle von zwei Milliarden Muslimen in der Welt entflammen zu lassen«. Kurz darauf kam es zu »entflammten« Protesten in muslimischen Ländern und zu Boykottaufrufen gegen Frankreich. Beschämend aber: Macron erhielt kaum Rückendeckung aus Europa, auch nicht aus Deutschland. Keine klaren Worte aus der Politik. Keine Zeitung, kein Magazin druckte die Karikaturen (über die Paty aufklären wollte) nach, nicht die *Süddeutsche Zeitung*, nicht der *SPIEGEL*, nicht die *ZEIT*, nirgendwo gab es Solidaritätsdemonstrationen. Man blieb im Allgemeinen, verurteilte den »Terror, woher auch immer er kommt ...« Von religiösem Wahn wollte niemand reden.

Nach Paris kam Nizza, dann Wien: Allahs verwirrte Bodentruppen setzten ihren mörderischen Amoklauf fort. Er ist der blutige Begleitrahmen eines Prozesses, der seit einigen Jahren in Gange ist: die Einschüchterung des Denkens, das Bekämpfen des Rechts auf freie Meinung, einschließlich des Rechts auf Spott. Während die Kritik an den Kirchen und am Christentum – inklusive derber Witze über Papst und Klerus – als legitim anerkannt ist, wird Kritik am Islam mit dem Vorwurf der Islamophobie zum Schweigen gebracht. Der Islam wird großflächig exkulpiert.

Dass der mörderische Terror »nichts mit dem Islam zu tun hat«, das behaupten gerne weite Teile des linken Politmilieus. Wer den Islam als doktrinäre, meinungs- und frauenfeindliche Ideologie brandmarkt, wird schnell des Rassismus verdächtigt. Der Begriff Islamophobie wird zum Verteidigungs-Kampfbegriff gegen jede Kritik am Islam gemacht. Das kritische linke Weltbewusstsein – ansonsten jederzeit und allerorten abrufbar – kommt zum Erliegen. Eine fragwürdige linke Einäugigkeit. Was ist da los?

Warum schweigt die politische Linke, präziser: das linksliberale Moralmilieu, wenn die Werte der Aufklärung durch fundamentalistische Islamisten bedroht werden? Wie ist es möglich, dass einer sich als emanzipatorisch verstehenden Linken ausgerechnet in der Auseinandersetzung mit dem Islam ihre Sprache abhandenkommt (und sie die notwendige Auseinandersetzung damit der Rechten überlässt)? Man sollte meinen, für Aufklärung und Freiheit zu kämpfen, gehöre zur politischen DNA der kulturell-politischen Linken.

Schon nach dem Mordanschlag auf *Charlie Hebdo* am 7. Januar 2015, als zwei maskierte Täter in die Redaktionsräume der Zeitschrift eindrangen und elf Menschen bestialisch ermordeten (darunter einen zum Personenschutz abgestellten Polizisten und einen weiteren Polizisten auf der Flucht), gab es zahlreiche französische linke Intellektuelle, die die »Verantwortungslosigkeit« des Satiremagazins beklagten. Sie machten *Charlie Hebdo* letztlich selbst für das Blutbad verantwortlich, weil Zeichnungen im Blatt immer wieder islamfeindlich gewesen seien. Beispielsweise auf einer Titelseite aus dem Jahr 2006, die Kurt Westergard gewidmet war, der wegen seiner Karikaturen in der dänischen Tageszeitung *Jyllands-Posten* ebenfalls von Fundamentalisten mit dem Tod bedroht worden war. Was war auf dem Titelblatt zu sehen?

Ein bärtiger Mann mit Turban hält seinen Kopf zwischen den Händen. Er weint oder ist sehr ärgerlich. In der Sprechblase steht: »Schon hart, wenn einen Idioten lieben ...« Die Zeilen über der Zeichnung erläutern: »Mohammed beklagt sich ... Er wird von Fundamentalisten überrollt!« Der Prophet beklagt sich also über die Haltung seiner fanatischen Anhänger. In einer aufgeklärten, freien Gesellschaft nennt man das politische Karikatur. Nicht jeder muss über diese Karikatur schmunzeln, jeder darf sich beleidigt fühlen. Frankreich hat den Blasphemie-Paragrafen, dieses »imaginäre Verbrechen« (Jaques de Saint Victor), schon 1871 abgeschafft.

In der Beschwörung des »Respekts vor religiösen Anschauungen« sind sich alle Religionen einig, und mittlerweile nicht nur diese. Pochten früher nur ultra-religiöse und konservative Kreise auf unbedingte Einhaltung der »Gewissens- und Religionsfreiheit« (deren Einschränkung ja nirgendwo propagiert wird, allenfalls das Recht, Religionen, ihre Dogmen und Verkünder zu kritisieren oder diese zu verspotten), machen sich mittlerweile auch vermeintlich progressive, antirassistische Bewegungen für die Einschränkung oder Abschaffung der Meinungsfreiheit stark. Das Bündnis zwischen Religionsvertretern und progressiven Denkern sagt viel aus über die dogmatische Verwandtschaft. All diese Bedenkenträger äußern, dass die »Laizität« achtenswert sei, »solange sie alle religiösen Anschauungen« akzeptiere. Dabei hat der Laizismus stets die Gläubigen, nie aber eine einzige Religion beschützt.

Viele halten politische Karikaturen, in denen Propheten und Götter nach Gusto des Zeichners »sichtbar« gemacht werden, für strafwürdige Blasphemie und *Charlie Hebdo* nach wie vor für eine islamophobe, rassistische Zeitung. Ein heuchlerischer Vorwurf. In einer Streitschrift, die Chefredakteur Charb (Stephane Charbonnier) zwei Tage vor seiner Ermordung beendet hatte, wandte er sich gegen den Vorwurf, sein Magazin würde Angst und Aggression »gegen den Islam« entfesseln. Die Tonalität des Textes wie immer provokant, polemisch, sarkastisch. Ein unerschrockenes, beeindruckendes Plädoyer für Meinungsfreiheit und gegen jegliche Zensur.

Charb sollte recht behalten, denn nur wenige Monate später, nach den Massakern vom November 2015 im Club Bataclan und in den Straßencafés des 11. Arrondissements, meldeten sich alle großen links-liberalen Geister der Republik zu Wort, ganz so, wie er vorausgesagt hatte. Für Alain Badiou erklärten sich die Morde aus »der Leere und Verzweiflung, bedingt durch die aggressive Dominanz des westlichen Kapitalismus und der ihm dienenden Staaten«. Ein anderer Philosoph, der vielgelesene und populäre Michel Onfray, ließ wissen, für die Toten sei ausschließlich der französische Staat verantwortlich, da er eine »islamophobe Politik« betreibe und nun ernte, was er gesät habe.

Nach dem Anschlag von Nizza am französischen Nationalfeiertag, dem 14. Juli 2016, als ein Attentäter mit einem Lkw in eine Menschenmenge raste, äußerte sich auch Jean-Luc Nancy, der zu den bekanntesten Philosophen der Gegenwart nicht nur in Frankreich zählt: »Wir müssen uns selbst anklagen, wir müssen endlich unser unstillbares und universelles Streben nach Macht stoppen. Wir müssen die verrückten Lkws unseres angeblichen Fortschritts stoppen und vernichten, unsere

Dominanz-Fantasien und die kommerzielle Gewinnsucht.« – Man könnte fragen: Hat den Mann eine gravierende Schwindsucht erfasst und seinen Geist vollends vernebelt? Die Opfer sollen für ihr Schicksal selbst verantwortlich sein. Ist das grenzenloser Zynismus, grobe Dummheit oder tiefsitzender Selbsthass? In jedem Fall eine Ermutigung für weitere mörderische Gotteskrieger und fanatische »Islamphobie«-Streiter.

Im März 2021 mussten zwei Universitätsprofessoren in Grenoble um ihr Leben fürchten, weil Studenten ihre Namen in großen Lettern an das Unigebäude plakatiert hatten und sie der Islamophobie bezichtigten. Auch in den sozialen Netzwerken hielten die von der Studentengewerkschaft UNEF (Union nationale des étudiants de France) unterstützten Aktivisten den beiden Professoren islamfeindliche Haltungen vor. Ausgangspunkt war eine Diskussion unter Studenten und Lehrkräften darüber, ob für ein geplantes Seminar zum Thema Gleichheit die Islamophobie gleichrangig mit Antisemitismus und Rassismus im Titel stehen sollte. Einer der beiden Professoren, Klaus Kinzler, der als Professor für deutsche Sprache und Kultur am *Institut des Sciences Po* bereits seit 25 Jahren angestellt ist, äußerte sich gegenüber Medien, es treffe ihn schwerer, dass etwa achtzig Prozent seiner Professoren-Kollegen die Unterstützung verweigerten oder heuchlerisch verlauten ließen, er habe ja selbst zu der Polemik beigetragen. »Ich habe wirklich keinen Kreuzzug gegen den Islam geplant. Ich wollte nur das Konzept der Islamophobie kritisch hinterfragen«, sagte er.

Vincent T., ebenfalls Politikprofessor, sprang seinem Kollegen bei und geriet auf Facebook ebenfalls ins Visier der Studentengewerkschaft UNEF. Eine Kollegin aus Kinzlers Institut zeigte sich über dessen Aussagen so empört, dass sie sich kurzerhand eine Woche krankschreiben ließ. Die Affäre zog laut Kinzler im Anschluss ohne sein Zutun immer weitere Kreise und erreichte nun sogar die politische Bühne. So verteidigte die beigeordnete Innenministerin Marlène Schiappa das Recht des Professors, seine Einschätzung zu dem Begriff der Islamophobie kundzutun und kritisierte die Kampagne der studentischen Aktivisten scharf: »Nach der Enthauptung Samuel Patys ist das eine besonders widerliche Tat, denn er war genauso den sozialen Netzwerken zum Fraß vorgeworfen worden«, erklärte Schiappa im Fernsehsender *BFM-TV*. »UNEF hat in Kauf genommen, die beiden Professoren in Lebensgefahr zu bringen«, empörte sich die Politikerin und bezeichnete es als verstörend, dass die Studentengewerkschaft in den sozialen Netzwerken zu einer beleidigenden Hasskampagne gegen die Professoren mobilgemacht habe.

Auch Marine Le Pen griff nun die Debatte dankend auf und sah sich darin bestätigt, dass es an Universitäten eine »abstoßende, sektiererische Islamo-Linke gibt, die keine Grenzen kennt«. Das Verhalten der Aktivisten spielt somit auch der rechtspopulistischen Partei Frankreichs, *Rassemblement National*, in die Hände, der Marine Le Pen vorsteht.

Fälle, in denen an Universitäten Dozenten für Meinungen und Aussagen von aktivistischen Gruppen heftiger, diffamierender Kritik ausgesetzt sind, sind mittlerweile keine Einzelfälle mehr. In Deutschland hatte die Frankfurter Uni-Professorin Susanne Schröter, Direktorin des dortigen Instituts für Ethnologie, eine Veranstaltung »Das islamische Kopftuch – Symbol der Würde oder der Unterdrückung?« geplant und war deshalb zur Zielscheibe empörter Studenten und Aktivistinnen geworden. Unter dem Hashtag *#schroeter_raus* hatten sie in den sozialen Netzwerken eine Kampagne initiiert, mit der ihre Forderung nach einer Absetzung der Professorin unterstrichen werden sollte. Die Initiative warf Schröter sowie einigen der eingeladenen Referentinnen – darunter der bekannten Autorin und Frauenrechtlerin Alice Schwarzer und der Schriftstellerin Necla Kelek – antimuslimischen Rassismus vor. Deren Positionen zum politischen Islam bezeichnete sie als »Islam-Bashing im Deckmantel der Religionskritik«.

Die Universitäten und ihre Vertreter knicken nur allzu oft vor lautstark empörten Aktivisten ein. Auch die Ausladung von Rednern oder das Niederbrüllen von Diskutanten reihen sich in derartige Fälle ein. Ein solches Klima an Hochschulen könnte sich zur ernsthaften Gefahr für die Meinungsfreiheit und die Debattenkultur ausweiten.

Ob an Hochschulen, in Debattenforen oder auf medialen Plattformen: Wer den gegenwärtigen Islam als eine frauenfeindliche, doktrinäre und rassistische Ideologie brandmarkt, wird gern des Rassismus und der Islamophobie verdächtigt, auch hierzulande. Die Linke hat den Begriff Islamophobie zum Verteidigungs-Kampfbegriff gegen jede Kritik am Islam gemacht. Cinzia Sciuto, in Deutschland lebende Korrespondentin der italienischen kulturpolitischen Zeitschrift *MicroMega*, beschreibt ein simples Experiment, um den instrumentellen Charakter des Wortes Islamophobie zu verdeutlichen:

»Auf Demonstrationen sieht man seit jeher aggressiv antireligiöse und blasphemische Schilder und Slogans, was die [christliche] Kirche gewiss nicht erfreut. Man kann diese Slogans unangebracht, unangemessen, geschmacklos und noch vieles mehr finden, aber bisher wurde noch niemand, der sie präsentiert hat, der ›Christophobie‹ [bezichtigt].«

Während die Kritik an den Kirchen und am Christentum – inklusive derber Witze über Papst und Klerus – als legitim betrachtet wird, wird Kritik am Islam mit dem Vorwurf der Islamophobie zum Schweigen gebracht, gern mit dem Hinweis, dass es sich dabei um die Religion einer Minderheit handelt, die häufig rassistischer Diskriminierung ausgesetzt sei.

Die islamischen Lobbyverbände *Inssan e.V.* und *CLAIM* (»Allianz gegen Islam- und Muslimfeindlichkeit«) präsentierten im März dieses Jahres aktuelle Zahlen und Statistiken als Beleg einer zunehmenden »Islam- und Muslimfeindlichkeit in Deutschland«. Folgt man den Angaben, steigt von Jahr zu Jahr der Grad der Diskriminierung, unter der Musliminnen und Muslime in Deutschland zu leiden haben. Doch stimmt diese Aussage tatsächlich mit den empirischen Befunden überein? Der Sozialwissenschaftler Carsten Frerk, Leiter der *Forschungsgruppe Weltanschauungen in Deutschland (fowid)*, hat sich dies genauer angeschaut: »Ich bezweifele keineswegs, dass es Muslimfeindlichkeit in unserer Gesellschaft gibt«, sagt er, »aber mit den Methoden, die *Inssan* beziehungsweise *CLAIM* anwenden, lässt sich dieses bedauernswerte Phänomen nicht in angemessener Weise darstellen.« Die Forschungsgruppe warnt davor, die Ergebnisse unkritisch zu übernehmen, da sie ideologisch verzerrt sind und einer wissenschaftlichen Überprüfung nicht standhalten. »Im Zuge dieser Analyse«, schreibt Frerk in seiner Studie, »erhärtete sich immer stärker der Eindruck, dass es nicht um eine korrekte Darstellung der sozialen Verhältnisse geht, sondern um die Stärkung der Strukturen des islamischen Lobbyismus beziehungsweise des legalistischen Islamismus, der die ›Diskriminierungskarte‹ zückt, um sich Vorteile gegenüber anderen gesellschaftlichen Gruppen zu verschaffen. Hierzu passt, dass beide Organisationen zum Netzwerk der Muslimbruderschaft in Deutschland gezählt werden.« Klare Worte.

Und die Linke? Sie schweigt. Ihr kritisches Weltbewusstsein – ansonsten jederzeit und allerorten abrufbar – kommt zum Erliegen. Galt nicht Religionskritik spätestens mit Voltaire einmal als Selbstverständlichkeit? Gibt es Rettung aus dem linken Toleranzdelirium? Vielleicht kann die Lektüre von Ruud Koopmans dazu beitragen.

Der Niederländer ist Direktor der Abteilung »Migration, Integration und Transnationalisierung« am Wissenschaftszentrum Berlin und beschäftigt sich seit Jahren mit den strukturell-politischen Problemen islamischer Länder und dem grassierenden, systemimmanenten Fundamentalismus. Koopmans stellt die Frage, was Muslime und Nichtmuslime selbst tun können, um den Fundamentalismus zu schwächen und liberale, reformorientierte Kräfte innerhalb des Islam zu fördern. Zentral für den Beitrag zu einer Lösung sei es – so Koopmans – anzuerkennen, dass die Hauptursache für die Probleme der islamischen Welt nicht außerhalb des Islam – beim westlichen Kolonialismus, bei der Islamophobie –, sondern in der Mitte der islamischen Gesellschaft selbst liege, in Form einer weit verbreiteten intoleranten Glaubensauffassung, die mit Hass und Gewalt gegen Andersgläubige und Ungläubige einhergeht. Hier sieht er auch die massiven Integrationsprobleme konservativ-religiöser Muslime in westlichen Einwanderungsgesellschaften, die zu einem erheblichen Teil auf die gleichen religiösen Ursachen – etwa die ungleiche Behandlung der Frauen, die soziale Distanz zu Andersgläubigen – zurückgingen. Und hier nennt er diverse Islamverbände, deren religiöse Basisarbeit und öffentliche Verlautbarungen nur selten mit einer liberalen, weltoffenen, demokratischen Gesellschaft in Einklang zu bringen sind. So zitiert er beispielsweise eine Predigt mit dem Titel »Der hohe Rang bei Allah: das Märtyrertum« – nicht aus einer Predigt von vor 200 Jahren in einem fernen Land, sondern aus einer Predigt, die 2014 in einer deutschen Moschee verlesen wurde:

»Keiner, der das Paradies betritt, möchte zurück auf die Erde ... Nur der Schahid (der Märtyrer), er möchte zurück und wieder den Märtyrertod sterben, wenn er sieht, welches Ansehen und welchen Rang er hier im Paradies genießt. Diese Frohbotschaft war es, die unseren Propheten und seine Gefährten und später auch unsere Vorfahren beseelten und sie von einer zur nächsten Front treiben, um diesen hohen Rang zu erreichen. Rein für den Weg Allahs, um Seinen Namen zu verbreiten. Für das Land und die Landsleute.«

Fatalerweise ist ein großer Teil der bundesdeutschen Linken bislang sprachlos. Sie sollte ihr unangenehm auffälliges Schweigen beenden. Es steht der Vorwurf im Raum, in linken Weltbildern gebe es »richtige« und »falsche« Opfer. Samuel Schirmbeck, ehemaliger *ARD*-Korrespondent in Nordafrika, hat auf diese fragwürdige linke Einäugigkeit hingewiesen. In einer Streitschrift nennt er Punkte linker Ignoranz: Die Linie exkulpiere den Islam vom Terror islamischer Fanatiker, der »nichts mit dem Islam zu tun« habe. Die Linke stellt Religionsfreiheit über Freiheit von Religion. Die Linke unterstützt religiöse Penetranz im staatlich neutralen Raum eines säkularen Staates durch Befürwortung des »Kopftuches« für muslimische Lehrerinnen. Die Linke akzeptiert das Verbot von Gewissens- und Religionsfreiheit für Muslime. Die Linke überlässt die Homosexuellen in der muslimischen Welt tatenlos ihrem Schicksal. Die Linke relativiert muslimischen Judenhass.

Das linke Schweigen – so Schirmbeck – ist ignorant und beschämend. Und es wird ausgenutzt. Es ermöglicht den Fundamentalisten einerseits und Funktionären der muslimischen Verbände anderseits, den öffentlichen Diskurs und das kollektive Bewusstsein zu besetzen. Beispielsweise wenn sie – aufgerufen und organisiert von verschiedenen Gruppen und Moslemverbänden – auf die Straße gehen. Nicht gegen den Terror irrsinniger Glaubensbrüder oder für Meinungs- und Religionsfreiheit, noch weniger aus Solidarität mit den Opfern und deren Angehörigen. Ihr demonstrativer Abwehr-Mechanismus: »Es ist nicht unsere Schuld, wir müssen uns nicht rechtfertigen.«

Warum herrscht das große Schweigen, wenn die Werte der Aufklärung durch fundamentalistische Islamisten bedroht werden? Gehört nicht der Kampf für Aufklärung und Freiheit zur politischen DNA der kulturell-politischen Linken? Immerhin: Kevin Kühnert, der SPD-Vize Deutschlands, hat den Anfang gemacht und spricht von einem »blinden Fleck der Linken«. Der Fraktionschef im Deutschen Bundestag Dietmar Bartsch plädiert dafür, endlich »die falsche Scham« abzulegen, und auch Grünen-Chef Robert Habeck fordert jetzt eine konsequentere Haltung im Kampf gegen militante Islamisten. Schönfärberei hält er für fehl am Platz. Sicherheitsbehörden und Justiz müssten den radikalen Islamismus »mit der ganzen Härte des Gesetzes verfolgen«, so Habeck. Neue Töne aus dem links-grünen Toleranz-Universum.

Es ist an der Zeit, dass sowohl Funktionsträger und Mandatsträger innerhalb der Parteien – also der Linken, der Grünen sowie in Teilen der SPD – auch in den links-grünen außerparlamentarischen Milieus die auffällige Zurückhaltung im Umgang mit dem politischen Islam eine Ende hat. Sie alle müssen ihre Stimme erheben, weil es auch ihre proklamierten Werte sind, die bei ausnahmslos jedem Terroranschlag mit Füßen getreten und mit Sprengsätzen in die Luft gejagt werden. Es geht um den Kampf gegen Gewalt, Terror und religiöse Anmaßung – um die Verteidigung der Weltlichkeit unseres demokratischen Verfassungsstaates. Hier gilt: der Staat vor der Religion, der Bürger vor dem Gläubigen.

(September, 2022)

Lob des Zorns

Der Zorn hat keinen guten Ruf. Wenn bis vor Kurzem davon die Rede war, erweckte das Wort nicht selten allenfalls antiquierte Assoziationen in uns, wie den »*Zorn Gottes*«, oder wir haben das Wort im Sinn von *Jähzorn* gebraucht, einer Unbeherrschtheit, die wir allenfalls widerspenstigen Kindern zubilligen. Der Gebrauch des Wortes *Zorn* bleibt häufig unscharf. Da hilft vielleicht, die Sache selbst etwas schärfer zu fassen. Zorn ist zunächst ein Stellvertreter für ein weites Feld von Emotionen. Wie kann man aber dieses Feld einteilen? Wie verhalten sich zum Beispiel Wut, Hass und Zorn zueinander? Sind es Synonyme oder bezeichnen sie klar definierbare Unterschiede im Gefühl? Stehen Ärger, Empörung, Wut und Zorn vielleicht in einem Steigerungsverhältnis zueinander?

Zorn ist ein komplexes und manchmal auch widersprüchliches Phänomen, das sich aus den unterschiedlichsten Quellen speist. Ob Volks-Zorn, Wähler-Zorn, Götter-Zorn – der Zorn tritt in vielerlei Gestalt zutage. Wann aber ist der Zorn ein gerechter? Wann ist er blind und destruktiv? Wann nur Attitüde und Pose – wann Ausdruck einer Haltung?

An Zorn-Anlässen besteht kein Mangel. Ob in Washington, Berlin, Leipzig oder anderen Städten – der Wutmensch ist der politische Phänotyp der Stunde. Seine politische Chiffre reicht von links bis rechts, von esoterisch bis vollends wirr. »Er benötigt nur eine positiv oder negativ besetzte Parole, um seine Wut zu befeuern. Erbraucht keine Haltung, keine Idee, nur ein »ungutes Gefühl und schlechte Stimmung«, konstatiert Manfred Schneider in der *NZZ*. Nichts habe er gemein mit den mutigen Bürgern in Belarus, in Hongkong oder anderswo, die gegen Menschenrechtsverletzung, Wahlfälschung und Korruption trotz Polizeiterror und drohender Verhaftung unter Einsatz ihres Lebens gegen die Staatsmacht auf die Straße gehen, stellt Schneider fest. So wie der Fußball-Hooligan sich nicht primär für das Fußballmatch interessiere, so interessiere den Polit-Hooligan nicht so sehr das primär Politische.

Geschlossene Wahnsysteme haben Konjunktur. Auf digitalen Plattformen wird geleugnet, gehetzt und polarisiert. Boris Groys, international angesehener Philosoph, der an der New York Universität lehrt, hat darauf hingewiesen, dass die zahllosen wahnhaften Verschwörungserzählungen mit dem Aufstieg der weltweiten Informationssysteme zu tun haben. Viele Menschen misstrauten etablierten Medien, völlig unabhängig davon, wie seriös und unseriös sie arbeiten. In Krisenzeiten würde dieses Misstrauen von einem Gefühl der Ohnmacht verstärkt. Für diese Ohnmacht suche man eine Erklärung – und hier böten sich krude Verschwörungstheorien an. Groys stellt fest, dass in einer Konkurrenzgesellschaft auch Verschwörungstheorien untereinander in einem Wettbewerb um Aufmerksamkeit und Anhänger stehen. Gewissermaßen ein Wettbewerb der Apokalypse. Die »Wahrheit« erlaubt keine Abweichung, sie muss düster und schrecklich sein: Schuldig sind der Staat, die »herrschenden« Politiker, die Pharma-Industrie, finstere Dämonen oder wahlweise Bill Gates. Für Groys sind es allesamt Versuche, die komplizierte Wirklichkeit mit bizarren Mythen und Wahnerzählungen zu erklären.

Wir alle kennen den Prototypen eines Wutbürgers. Blicken wir nur ein paar Jahre zurück: ob Ost oder West, allerorten Pegida-Aufmärsche. Als letzte nationale Hoheitszeichen schwenkte die neue rechtslastige Bürgerfront schwarz-rot-goldene Fahnen und brüllte nationale und faschistoide Parolen: »Deutschland gehört uns!« und »Ausländer raus!« Diese rückwärtsgewandten Wutbürger, nicht selten durchaus eher privilegiert als marginalisiert – staatlich ordentlich versorgt als Beamte und Rentner –, sie alle einte die Wut, »*ihre*« Kultur- und Traditionsgemeinschaft in Auflösung durch Flüchtlinge, Eliten und parlamentarische Volksverräter erleben zu müssen. Montag war Pegida-Tag. Ein Protest-Event zwischen Panik und Paranoia. Ging es hier »um die in der eigenen Heimat empfundene Heimatlosigkeit«, wie Jens Jessen in der *ZEIT* konstatierte, um eskalierende Globalisierungsfurcht, kurz: um Verlust- und Verliererängste? Der britisch-indische Autor Pankaj Mishra versucht in seinem Buch *Das Zeitalter des Zorns* eine Erklärung dafür zu finden, wie anfällig diejenigen, die im Prozess der Globalisierung nicht zu den Gewinnern gehören, für demagogische Propaganda sind. Alle, die zurückgelassen werden und sich ausgegrenzt fühlen, reagierten immer auf die gleiche Weise: mit Hass auf erfundene Feinde, dem Heraufbeschwören von Untergangsszenarien und der Selbstermächtigung durch Gewalt. Daraus resultieren Empörung, Aggression – und Wut. Sind Wut und Zorn also doch Brüder im Geiste? Wut und Hass haben keine gesellschaftliche Verortung, sie sind politisch heimatlos. Aber sie sind immer fanatisch, egomanisch, destruktiv – und dumm. Auch der Zorn steht in Gefahr, nicht klug zu agieren, auch er ist beileibe nicht ausschließlich produktiv und zukunftsorientiert. Er kann Aus*druck* sowohl einer kritisch-produktiven Geistes- und Emotionshaltung sein, die sich mit der Welt und ihren Zumutungen so nicht abfinden und befrieden will, aber auch Ausdruck einer

Haltung, die den Nebenschauplatz oft zum Hauptkampfplatz stilisiert. Es geht also darum, die produktiven Seiten des Zorns sichtbar zu machen und ihn vom Makel des Destruktiven zu befreien. Kurzum, es ist höchste Zeit, den guten Ruf des Zorns wiederherzustellen und zu verteidigen – gegen selbsternannte Heimatschützer und irrlichternde Verschwörungserzähler. In diesen Zeiten sind es wütende »Querdenker«, die sich den staatlichen Sicherheitsanordnungen verweigern, die sich vom Staat getäuscht, reglementiert und verfolgt fühlen und zum Widerstand aufrufen: gegen die »Merkel-Diktatur«.

Halten wir fest: Zorniger Geist verachtet Dummheit und Wahn. Er setzt nicht auf blinde Gewalt, nicht auf coole Randale, nicht auf eruptive Militanz, sondern andauernden Disput, auf konstante Auseinandersetzung. Zorn, heißt es bei de Tocqueville, »kann man nicht einsperren, teilen oder exportieren«. Zorn sucht den konstruktiven, oft auch zähen Diskurs. Deshalb ist er für unsere Demokratie so unerlässlich.

(September, 2022)

Schützt der Verfassungsschutz unsere Verfassung?

Es ist die Zeit für Populisten: Die üblichen Verdächtigen aus der CSU- und AfD-Politik-Riege nennen Klima-Aktivisten jetzt Klima-Terroristen, auch für Hardliner in Polizei- und Ordnungsbehörden gelten sie nicht wegen ihrer Protestmethoden, sondern wegen politischer (relativ gemäßigter) Forderungen mittlerweile als »Verfassungsfeinde«. Das ruft den Verfassungsschutz auf den Plan.

Der deutsche Verfassungsschutz ist etwas sehr Besonderes. Einen solchen Geheimdienst haben andere westliche Demokratien nicht. Es ist ein Geheimdienst, der im Inland späht. Er richtet sich nicht gegen Kriminelle, sondern gegen Personen und Gruppen, die als politisch verwerflich erklärt werden. Er spioniert Bürgerinnen und Bürger aus, die keine Gesetze verletzen, sondern ihre demokratischen Rechte wahrnehmen. Dabei hat der Verfassungsschutz enorm große Freiheiten, enorm große Macht.

Das kritisiert Ronen Steinke, in Berlin lebender Journalist und Autor, der vor allem für die *Süddeutsche Zeitung* recherchiert. In seinem neuen Buch (*Verfassungsschutz – Wie der Geheimdienst Politik macht*, Berlin Verlag) geht er der Frage nach, ob dieser Geheimdienst die Demokratie schützt oder ihr eher schadet. Seit Jahren recherchiert er im Milieu der Inlandsspione, hat Spionagechefs interviewt und Agenten bei der Arbeit begleitet. Auf über 200 Seiten beschreibt er Aspekte wie behördliche NS-Kontinuitäten des Verfassungsschutzes, erinnert an die Zeit des »Radikalenerlasses«, schildert das flächendeckende Versagen bei der Aufklärung der NSU-Morde, bis hin zur digitalen Quellen-Überwachung und der Präsenz des »Dienstes« in den sozialen Medien. Lesbar und spannend zeigt er auf, wie der Verfassungsschutz operiert, seine V-Leute vorgehen.

Der Inlandsgeheimdienst, so Steinke, der in Deutschland mit 8000 Agentinnen und Agenten unterwegs sei, überwache hierzulande nicht nur Extremisten, die unsere Verfassung gefährden und bekämpfen, sondern auch Menschen, die sich legal politisch engagieren, etwa aus der Klima-Protest-Bewegung. Damit agiere der Verfassungsschutz gegen Gruppen, die auf legalem Wege ihre Meinung sagen, kritisiert Steinke. Er lege über diese Menschen Akten an, drohe und schüchtere sie ein.

Steinke geht es nicht darum, politisch für die von den Behörden ins Visier genommenen Gruppen Partei zu ergreifen. Als Verteidiger eines liberalen Rechtsstaates stört ihn vor allem, wie stark mitunter an Grundrechten wie Meinungsfreiheit und Pressefreiheit gerüttelt wird und dass linke und rechte Gruppierungen mit Doppelstandards beurteilt werden. Er kritisiert die deutschen Verfassungsschutzämter als »Politik-Beobachtungs-Geheimdienst« – mit einer offensichtlichen Einäugigkeit: Die Horch- und Blickposten waren traditionell eher schwach nach rechts gerichtet. Der Feind stand links.

Dem Mann, der als Verfassungsschutz-Präsident über die freiheitliche Grundordnung des Landes zu wachen beauftragt war, widmet Steinke ein ganzes Kapitel: Hans-Georg Maaßen. Sechs Jahre, bis 2018, war er der oberste Verfassungsschützer, und er geriet immer häufiger in die öffentliche Kritik. Maaßen, CDU-Mitglied, fiel durch sein populistisches Geraune zur Merkel'schen Migrationspolitik auf, bagatellisierte die Hetzjagden von Chemnitz, wo Rechtsradikale Menschen verfolgten und verprügelten, die sie für Ausländer hielten. Und Maaßen versuchte auch wiederholt, eine Beobachtung der AfD zu stoppen. Im Herbst 2018 beendete er seine Beamtenkarriere, um in die Politik zu gehen. Bei der Bundestagswahl 2021 trat er in Thüringen erfolglos als Direktkandidat für die CDU an. Danach sorgte er immer wieder mit rechtslastigen und antisemitischen Äußerungen für Empörung in der eigenen Partei und der Öffentlichkeit. Der CDU-Bundesvorstand wollte ihn loswerden und beschloss deshalb ein Parteiausschlussverfahren gegen Maaßen. Ein Kreisparteigericht aber lehnte den Antrag der Bundespartei ab, ihn aus der Partei auszuschließen. Die Tatsache, dass ein Mann wie Maaßen der oberste Verfassungsschützer des Landes sein konnte, ist beinahe beängstigend. Die Causa Maaßen macht deutlich: Demokratie gerät auch von Innen in Schieflage.

Ronen Steinke ist eine informative und irritierende Innenansicht einer Institution gelungen, die vor allem eines zeigt: Eine Debatte über den Geheimdienst ist überfällig.

(September, 2023)

Zweierlei Solidarität

Der *Europapreis für politische Kultur* wird alljährlich im Rahmen des traditionellen *Dîner républicain* im schweizerischen Ascona vergeben. Mittlerweile zum 17. Mal. Er ist mit 50.000 Franken dotiert. Unter den bisherigen Preisträgern befinden sich Politiker wie Jean-Claude Juncker, Jean-Claude Trichet, Hans-Dietrich Genscher, Wolfgang Schäuble oder Mario Draghi, aber auch Philosophen wie Jürgen Habermas und Peter Sloterdijk oder der Historiker Heinrich August Winkler. Stellvertretend für ihren in Russland inhaftierten Ehemann Alexei nahm Julija Nawalnaja die Auszeichnung entgegen.

»Alexei Nawalny steht für die Kraft von Freiheit, Demokratie und Rechtsstaat. Vor seiner Unbeugsamkeit kann sich Europa nur verneigen – in Dankbarkeit und Bewunderung«, kommentierte Frank A. Meyer, Präsident der Hans Ringier Stiftung, die Wahl. Der umtriebige Journalist ist ein medialer Hansdampf in allen Gassen: Buchautor, TV-Talker, (*Vis-à-Vis*) Kolumnist (*SonntagsBlick*, *Cicero*). Ein virtuos-vernetzter Strippenzieher, der gern die Politprominenz umgarnt und umarmt. Meyer, Schweizer Staatsangehöriger und Berliner Bürger ist ein streitbarer Kopf. Er scheint parteiübergreifend alle zu kennen, und alle kommen gern, wenn er als Gastgeber alljährlich ins feine Hotel *CASTELLO DEL SOLE* ins sonnige Tessin lädt, zur gepflegten Debatte über den Zustand der Welt und was zu tun ist, um die Widrigkeiten der Wirklichkeit erträglicher zu gestalten. Und weil die Küche des Hauses exzellent, die Weine vorzüglich und die Tessiner Sonne sanft scheint, lässt es sich dort angenehm parlieren und palavern.

Ein geschätzter Freund des Hauses Ringier und persönlicher Freund des Gastgebers, fehlte diesmal: Gerhard Schröder. Der Ex-Kanzler war einst Berater des russischen Präsidenten, er saß für ihn in Aufsichtsräten und nannte ihn einmal einen »lupenreinen Demokraten«. Erst der Ukraine-Krieg beendete die Amigo-Liaison. Auch beim Ringier Verlag verdiente sich der Ex-Kanzler ein Zubrot – als politischer Berater und Welterklärer oder was auch immer, in jedem Fall gut dotiert.

Der doppelte Schröder: Ein Putin-Freund bei der Preisverleihung an einen Putin-Gefangenen? Das hätte dann doch für Irritation gesorgt. Wem seine Freundschaft etwas wert ist, der schützt seine Freunde. Und so ließ das Medienhaus Ringier in professioneller Marketing-Rhetorik ohne Schröders Beisein verlauten, mit Nawalny werde »eine Persönlichkeit geehrt, die weit über Russland hinaus europäische Werte« verkörpere.

Joachim Gauck, deutscher Bundespräsident a. D., würdigte den Preisträger in seiner Laudatio: »Mit ihrem Europapreis zeichnet die Hans Ringier Stiftung einen Menschen aus, der hinter Gefängnismauern verschwunden ist, weil er Unrecht, Korruption und Krieg anprangert.« Weiter sagte Gauck: »Mit seinem außergewöhnlichen Mut stellt er sich denen entgegen, die ihn ermorden wollten und ihn jetzt mit brutalen, unmenschlichen Haftbedingungen brechen wollen. Weil er in seiner Heimat zum Verstummen gebracht werden soll, braucht er die Solidarität und Unterstützung derer, die frei sprechen können ...«

Etwas von der »Solidarität und Unterstützung derer, die frei sprechen können«, zu der sich der Ex-Bundespräsident und seine Festgesellschaft zählen, wäre auch für Julian Assange eine Hilfe, der zu diesem Zeitpunkt noch immer in einem Londoner Hochsicherheitsgefängnis zum Verstummen gebracht werden soll. Wie Nawalny ist er ein politischer Gefangener. Assange sitzt seit vier Jahren in seiner Zelle. Davor hatte er sieben Jahre in der Botschaft Ecuadors in der britischen Botschaft festgesessen, um einer Festnahme und einer Auslieferung an die Vereinigten Staaten zu entgehen.

Vor Kurzem hat sich der australische Ministerpräsident Anthony Albanese für seine Freilassung eingesetzt. »Genug ist genug«, sagte Albanese dem australischen Sender *ABC*, just an dem Tag, als Nawalny in einem stalinistischen Schauprozess zu einer weiteren langjährigen Lagerhaft verurteilt wurde. Im Tessin verlor der Laudator Gauck kein Wort über ihn. Ärger mit London und den USA will man vermeiden. Das Eintreten für Menschenrechte unterliegt einer eigenen Dramaturgie. Manche nennen es politische Einäugigkeit. Nawalny/Assange zwei politische Gefangene – zweierlei Solidarität.

Keine Frage: Alexei Nawalnys Mut ist bewundernswert, sein Widerstandwillen ehrenwert – der »Europapreis« gebührt ihm, seiner Frau, seinen Anwälten und Unterstützer/innen. Vorbehaltlos! Und doch: Auch die »westliche« Inhaftierung von Julien Assange hätte erwähnt werden können. Nein, müssen!

(August 2023)

Staatsfeind, der ich bin

Der Mann galt als Staatsfeind. Vier Jahrzehnte lang ist er mit großem Aufwand geheimdienstlich beobachtet und ausgeforscht worden. Rolf Gössner, Anwalt, Publizist, Bürgerrechtler und – man darf es so sagen – ein kritischer, radikal-demokratischer Kopf, von Staats wegen gern als linker, die Innere Sicherheit gefährdender Quälgeist beäugt und verfolgt.

Eine »Zielperson« für den Verfassungsschutz. Schon als Jurastudent, später als Gerichtsreferendar, Buchautor und Rechtsanwalt, als parlamentarischer Berater, später auch als Präsident der Internationalen Liga für Menschenrechte und seit 2007 als stellvertretender Richter am Staatsgerichtshof der Freien Hansestadt Bremen. Es dürfte die längste Dauerbeobachtung eines unabhängigen, parteilosen Bürgers durch den Inlandsgeheimdienst sein, die bislang bekannt ist.

Die staatlichen Beobachter sammeln und dokumentieren alles: berufliche und ehrenamtliche Kontakte zu angeblich »linksextremistischen« und »linksextremistisch beeinflussten« Gruppen und Veranstaltern, bei denen Gössner referiert und diskutiert. Er soll sie dadurch – so wörtlich – als »prominenter Jurist« aufgewertet und gesellschaftsfähig gemacht haben. Aus vollkommen legalen und legitimen Berufskontakten konstruiert der Verfassungsschutz gewissermaßen eine »Kontaktschuld«. Das will der Bürger Gössner nicht akzeptieren. Er wehrt sich, er klagt. Gegen die ihm zugewiesene Rolle als

Staatsfeind – gegen den Verfassungsschutz, dessen Aufgabe es ist, die Verfassung und die Verfassungsrechte zu schützen. Auch die des kritischen Bürgers Gössner.

Es wird ein langer juristischer Kampf. Nach einem bald 15-jährigen Klageverfahren ergeht nun endlich das Urteil: Das Bundesverwaltungsgericht erklärt die Dauerüberwachung rechtskräftig für unverhältnismäßig und grundrechtswidrig – und ihn damit endgültig als rehabilitiert. Höchstrichterlich festgehalten ist: Fast vierzig Jahre lang wurde der Bürger Rolf Gössner zu Unrecht vom Bundesamt für Verfassungsschutz beobachtet und als vermeintlicher Staats- und Verfassungsfeind stigmatisiert. Alles ordentlich dokumentiert und aufgelistet in einer über 2000 Seiten starken Personalakte, die auch nach dem Urteilsspruch weiterhin überwiegend geheim gehalten wird.

Auf eine Anfrage der Bundestagsabgeordneten Ulla Jelpke, innenpolitische Sprecherin der Fraktion DIE LINKE, zur »jahrzehntelang rechtswidrigen Beobachtung eines kritischen Journalisten und Anwalts durch das Bundesamt für Verfassungsschutz«, antwortete die Bundesregierung, die Regierung sei sich »der aus der Beobachtung resultierenden Konsequenzen für die Betroffenen bewusst. Sie sind Teil der Rechtmäßigkeitsprüfung und als solche im Rahmen der Feststellung der Verhältnismäßigkeit bei jeder Beobachtungsmaßnahme zu berücksichtigen«. Im Klartext: »Die Verhältnismäßigkeits- und Rechtmäßigkeitsprüfung im Überwachungsfall Gössner ist offensichtlich über Jahrzehnte entweder nicht erfolgt oder aber nur oberflächlich, einseitig-interessegeleitet und -ideologisch motiviert durchgeführt worden«, so Jelpke. So sieht es auch das Bundesverwaltungsgericht. Es wertete die illegale Beobachtung angesichts ihrer Dauer als »in handgreiflicher Weise unangemessen«. Die Bundesregierung freilich, die in allen Instanzen verloren hat, ist bis heute nicht bereit, sich bei ihrem

Bürger Gössner zu entschuldigen oder gar eine finanzielle Wiedergutmachung zu leisten.

Nun hat Gössner ein Buch geschrieben (*Datenkraken im öffentlichen Dienst. »Laudatio« auf den präventiven Sicherheits- und Überwachungsstaat*, PapyRossaVerlag). Nicht sein erstes, aber ein besonders erhellendes Buch. Es ist mehr als eine persönliche Bestandsaufnahme einer grotesken Langzeitüberwachung. Es ist eine Parabel über einen Überwachungswahn, der unter dem Etikett der »Inneren Sicherheit« unsere Demokratie gefährdet. Ein Kompendium über Demokratiegefährdung und Demokratieverteidigung. Der Autor beschreibt die vielfältigen staatlichen Überwachungs- und Aufrüstungsmaßnahmen auf dem Weg einer fatalen Entwicklung im Namen der Sicherheit. In seinen ironisch-kritischen, ja anklagenden »Laudationen« geht es um die präventiv-polizeiliche Überwachung der Telekommunikation, um die digitale Aufrüstung im globalen Cyberkrieg, um Datenkraken im Öffentlichen Dienst und auch um Folgen und Gefahren von Demokratie- und Grundrechtsbeschränkungen im Zuge der Corona-Krise.

So bleibt zu hoffen, dass den Autor das höchstrichterliche Urteil trotz staats- und gesellschaftskritischen Inhalts seines neuen Buches vor weiteren geheimdienstlichen Nachstellungen schützt. Und falls Verfassungsbeamte nicht von ihrer »Zielperson« lassen können, sei ihnen erkenntnisreiche Lektüre gewünscht, nicht zuletzt die Gastbeiträge von Sabine Leutheusser-Schnarrenberger, Gerhard Baum und Heribert Prantl eignen sich als lesenswerte Pflichtlektüre.

(Juli, 2023)

Die Lufthoheit des Wutbürgers

Wir kennen die Bilder. Tausende von Wutbürgern trafen sich regelmäßig montags in Dresden, um Rednern zu applaudieren, die für Volk und Vaterland den Notstand ausriefen, überall Gefahr und Verrat witterten und eindringlich vor Flüchtlingen und Lügenpresse warnten. Montag war Wut-Tag.

Deutsche hört die Signale! Das Geschrei, das Gegröle, das Gezeter – der Soundtrack aller Empörten und Enttäuschten von Sachsen bis in die Niederungen der heimischen Mittelgebirge, ein akustisches Signal, jederzeit imstande, die kollektive reflexive Handlungshysterie zu entfachen. Die Echowelle des Unappetitlichen und Unangepassten, von der sich der national gesinnte Wutbürger gern mitreißen und mittragen lässt, hält ungebrochen an.

Auch die gern zitierte »Mitte der Gesellschaft« ist von ihr erfasst. Flüchtlinge, Ausländer, Asylanten, kurzum »alles Fremde« – alles, was sich immer schon als ideale Projektionsfläche für gesellschaftliche und politische Probleme im eigenen Planquadrat eignete. Nationalistische Angstfantasien als Motor und Motivation, als Appell und Attacke. Es geht um die viel beschworene »nationale Identität« und besteht vor allem in der Abgrenzung nach außen. »Deutschland zuerst!«

Und so findet sich nun beinahe eine Hundertschaft von AfD-Abgeordneten im Bundestag, um die gefühlte Heimat zu verteidigen – wenn es sein muss, mit schriller Rhetorik. Es geht um »kulturelle Wurzeln«, um »Völkisches« und vor allem: gegen die »Alt-Parteien«, die »Lügenpresse«, die »Volksverräter«. Die Frage lautet: Ist das noch in Ordnung, ist das noch verfassungsgarantierte Narretei – oder schon nazikontaminierter Wahn? Ignorieren, tolerieren oder aufregen?

Ja, keine Frage: Es gibt sie, die mediale und politische Tendenz, alles im Konsensabgleich zu erledigen, als sei unsere demokratische Hausordnung gleich in höchster Gefahr, wenn Sprache und Begriffe mal pubertär-rüpelhaft, mal politisch grenzdebil durchs Parlamentsplenum, über die Plätze der Republik – oder samstags durch die Stadionkurven – zu laut und zu schrill daherkommen. Das ist mitunter unangenehm, anmaßend, abstoßend. Was tun?

Wir sollten solcherlei Entgleisungen einerseits nicht mit allzu übertriebener Empfindsamkeit begegnen, den Rest – so sieht es unser Rechtsstaat vor – klären Staatsanwaltschaften und Gerichte. Andererseits: Zu viel Verständnis und coole Toleranz gegenüber jeder Form politischer Dummheit und Devianz ist auch nicht immer die sinnvollste Reaktion. Vor allem die extreme Rechte provoziert gern mit wirren Begriffen und lenkt damit ab von ihren noch wirreren Ideen.

Wer das AfD-Führungsduo Gauland und Weigel einmal in Talkshows erlebt hat, findet hier eindrucksvollen Anschauungsunterricht, wie die AfD-Fraktion im Bundestag agiert. Verbaler Treibstoff für eine national-konservative – wenn es sein muss, auch rechte – Identitätsmaschinerie, live aus dem Berliner Plenarsaal.

Da will auch die CSU als verlässlicher Begriffslieferant nicht hintenanstehen. Wie weiland schon Franz-Josef Strauß proklamierte, »dass rechts von der CSU nichts wachsen dürfe«, fordern nun auch dessen Nachkömmlinge pflichtschuldig ein AfD-grundiertes neues deutsches Heimatgefühl. Beispielsweise Alexander Dobrindt. In der Tageszeitung *Die Welt*, dem Leitmedium der bürgerlich-konservativen Mitte, fordert er einen längst überfälligen gesellschaftlichen Aufbruch, eine »konservative Revolution«. Unter »konservativen Revolutionären« versteht die Geschichtswissenschaft elitäre, antidemokratische und deutschnationale Kräfte, die gegen die »dekadente« Weimarer Republik gekämpft haben. Männer wie Oswald Spengler, Carl Schmitt und Ernst Jünger, die zu Gewaltfantasien und Apokalyptik neigten, denen die Moderne und mit ihr die »Zivilisation« als Grundübel galten.

Stellt sich die Frage: Benutzt der CSU-Mann diesen Begriff bewusst? Der Berliner Journalist Michael Angele findet für den Geist, der aus Dobrindts Traktat spricht, den Begriff »Extremismus der Mitte« – und weil dieser neue Extremismus der Mitte alte Feindbilder braucht, verbindet der CSU-Frontmann seine rhetorische Kraftmeierei mit einem rabulistischen Gestus gegen die »68er«, die als die großen Zerstörer dastehen. »Linke Ideologien, sozialdemokratischer Etatismus und grüner Verbotismus« hatten ihre Zeit, skandiert Dobrindt und fordert eine »neue, konservative Bürgerlichkeit« für die Republik.

Vor allem will seine Partei bei der kommenden bayrischen Landtagswahl die verlorenen Stimmen ihrer Stammwähler zurück, die bei der Bundestagswahl bei der AfD ihr Kreuz gemacht haben. Grund genug, genau so zu sprechen, wie es die Rechtspopulisten tun.

Nur ganz nebenbei wollen wir festhalten: Dobrindts Partei ist in Bayern seit etwa 60 Jahren durchgehend und im Bund 17 der vergangenen 25 Jahre an der Regierung beteiligt. Es bleibt also eher diffus, warum der proklamierte Aufbruch dort nicht stattgefunden hat. Christian Stöcker bringt in einer *SPIEGEL*-Kolumne das eigentliche Problem der Konservativen auf dem

Punkt: »Es fällt ihnen sehr schwer, den Wesenskern ihrer Weltanschauung klar zu formulieren. Vielleicht, weil sich Rassismus, Sexismus und Nationalismus nur die abgebrühtesten Rechtspopulisten zu formulieren trauen.« So ist es.

Es geht um die Lufthoheit über Deutschlands Stammtische, um die Deutungsmacht von Begriffen: um Heimat und Vaterland, Familie und »christliche Werte«. Das gehört nun einmal zur DNA der Bayernpartei. Vor allem aber geht es um eines: um Machtgewinn oder Machtverlust. In Abwandlung des großen Volksphilosophen Sepp Herberger, der einst verlautbarte, dass das nächste Spiel immer das schwerste sei, gilt für die neuen Eiferer des Konservativen: Die nächste Wahl ist immer die wichtigste. Der Kampf um »den Wähler draußen im Lande« ist also entbrannt. Lautstarke Empörungsrhetorik und eingespielte Leerformeln sind der Sound der Wahlkampfzeiten. Keine Partei pocht auf besondere Alleinstellungsmerkmale. Alle mischen mit. Wir haben uns daran gewöhnt.

Tatsache ist: Vor allem das politische Entertainment ist mitunter an einem Punkt angekommen, an dem es unerträglich geworden ist: schlichte Verdummungsslogans wie »Ein Land, in dem wir gut und gerne leben«, im Nachbarland Österreich wurde einst ein telegener, konservativer junger Mann zum Kanzler gewählt, der mit Plakaten warb, auf denen stand: »Es ist Zeit«. Zeit wozu? Wofür?

Dass sich Herr Kurz mit dem rechtslastigen Herr Strache ins politische Bett legte, war besonders unappetitlich. Man will sich nicht vorstellen, wie es mit der AfD hierzulande laufen würde, wenn sie statt des miesepetrigen Gauland einen Schwiegermutter-Strahlemann wie diesen Sebastian Kurz hätte ... Das alles sind überschaubare Zornbeschleuniger. Aber es gibt natürlich auch die volle Dröhnung – gewissermaßen im XXL-Format. Für die konstante Belieferung unseres Zorn-

Depots wird gesorgt: die politische Klasse, die globalen Finanzjongleure, allerlei beseelte Ideologen und religiöse Fundamentalisten liefern beständig.

Hier ein kleiner Abriss der laufenden Zumutungen: Zornig macht die beschämende Nicht-Aufklärung der NSU-Mordserie, die fragwürdige Rolle des Verfassungsschutzes, die diese »Dienste« etwa in Hessen und Thüringen dabei gespielt haben.

Zornig machen die Missbrauchsfälle in der katholischen Kirche, vor allem deren jahrzehntelange Vertuschung. Täter wurden »kirchenintern« gedeckt, allenfalls versetzt – anstatt die Staatsanwaltschaft zu informieren.

Zorn kommt auch auf, wenn ausgerechnet Ex-Ministerpräsident Koch – verliehen vom Ministerpräsidenten Volker Bouffier – einen Preis bekommt, der nach Wilhelm Leuschner benannt ist: Der Gewerkschafter, Sozialdemokrat und Widerstandskämpfer Leuschner war nach einem Volksgerichtshof-Schauprozess 1944 in Berlin hingerichtet worden. Der Preis soll an ihn und sein mutiges Eintreten gegen die Nazis erinnern und Personen würdigen, die sich »im Geiste Leuschners hervorragende Verdienste um die demokratische Gesellschaft« erworben hätten.

Herr Koch, der einst in der Affäre um CDU-Schwarzgelder die Legende des ehemaligen hessischen CDU-Schatzmeisters Casimir Prinz zu Sayn-Wittgenstein über angebliche jüdische Erblasser verbreitete, bekommt den Preis und die braven Partei-Claqueure applaudieren. Eine Groteske.

Halten wir fest: Widerstand beginnt dort, wo sich die Bürger gegen Ignoranz und Arroganz, die Verwandlung von Politik in Verwaltung oder Therapie auflehnen. Dann kann es mitunter laut und gewalttätig werden. Aus Empörung werden militante Attacke, flammender Protest, gewalttätige Revolte. Aus Wut wird zerstörende Gewalt. Ob »links« oder »rechts«, ob sogenannte internationale »Antifa« oder nationale »Pegida«: Wut ist lagerübergreifend unbeherrscht. Ein allzu alltäglicher Reflex und nicht selten auch sicht- und hörbarer Beleg für ein reduziert-redundantes Weltbild, für ein einfaches Zurechtrücken komplizierter Wirklichkeiten und vor allem: Verweigerung des politischen Streits.

(Januar, 2019)

»Kriegstaugliches Mindset«

Die Deutschen mögen Boris Pistorius. Seit Wochen verteidigt der Verteidigungsminister im *SPIEGEL*-»Regierungsmonitor« seinen Spitzenplatz als beliebtester Politiker der Republik. Keine Frage, der Mann hat einen Lauf. Er packt an, spricht Klartext. Kein Leisetreter und Zauderer. Keiner, der sich abduckt und vertröstet. Das kommt an im Land. In einer Umfrage im Januar 2024 wollten sogar fast zwei Drittel der Menschen in Deutschland einen Kanzlerwechsel von Olaf Scholz zu Boris Pistorius. Nach Ansicht von 64 Prozent der Befragten einer Umfrage des Meinungsforschungsinstituts INSA solle Pistorius noch in der bis 2025 laufenden Legislaturperiode Scholz an der Spitze der Regierung ablösen.

Keine Bange. Der Mann bleibt erst einmal bei der Truppe. Hier fühlt er sich am rechten Ort – und die Truppe schätzt ihren Minister. Das war nicht immer so. Pistorius Vorgängerinnen, von der Leyen, Kramp-Karrenbauer, Lambrecht, galten für viele Militärs – freundlich formuliert – als eklatante Fehlbesetzung. Nun endlich ein Minister, einer der seinen Grundwehrdienst geleistet hat beim Flugabwehrregiment in der Steuben-Kaserne im niedersächsischen Achim, letzter Dienstgrad: Obergefreiter. Ein Mann, der aus eigener Erfahrung weiß, wie es um die Stimmung in den Kasernen bestellt ist – kurz: einer, der sich in der soldatischen Wirklichkeit auskennt. In einer Welt voller Kriege, Krisen und Konflikte werden mehr

Verantwortung und »Führung« gefordert, denn »unsere Bundeswehr steht vor einer gewaltigen Herausforderung«, sagt der Verteidigungsminister. Notwendig ist eine »handlungsfähige und reaktionsschnelle Bundeswehr«. Sein Tagesbefehl, gültig über den Tag hinaus: »Deutschland muss kriegstüchtig werden.«

Dies ist eine jener klaren Ansagen, für die Boris Pistorius bekannt ist. »Ohne Reserve keine Kriegstüchtigkeit« ist ein Beitrag von ihm im Magazin *Loyal* des Reservistenverbands betitelt, erschienen im Juli 2024. Darin schreibt er: »Wir brauchen viele kluge, motivierte Frauen und Männer, die sich in den Dienst der Bundeswehr und unseres Landes stellen wollen.«

In der Tat: Der Bundeswehr fehlt der Nachwuchs. Stand Ende Februar 2024 meldet sie 181.811 Rekrutinnen und Rekruten. Der Trend: Es geht immer weiter abwärts, seitdem 2011 die Wehrpflicht ausgesetzt wurde. Dabei sollten es nach dem Willen des Verteidigungsministers bis 2031 mindestens 203.000 Soldaten sein. Er lässt offenbar weiterhin Modelle einer Wehrpflicht prüfen und hat dabei die Praxis in skandinavischen Ländern in den Blick genommen. So werden in Schweden ganze Jahrgänge registriert und angeschrieben. Nun geht es darum, hierzulande die Bundeswehrreform voranzutreiben.

Indem der Deutsche Bundestag das Wehrpflichtgesetz abgeändert hat, wurde die Wehrpflicht auf den Spannungs- oder Verteidigungsfall beschränkt. Sie hat also grundsätzlich weiterhin Bestand, in Friedenszeiten bislang aber keine praktischen Konsequenzen. Artikel 12a des Grundgesetzes ermächtigt den Gesetzgeber, die verpflichtende Einberufung zum Wehrdienst durch ein einfaches Gesetz wieder einzuführen. Im Juni 2024 stellte Pistorius in der Bundespressekonferenz seine Pläne unter dem Label »Neuer Wehrdienst« vor. Diese sehen zwar nicht die Wiedereinführung eines Wehrpflichtmodells vor, können aber als Vorbereitung darauf verstanden werden – denn Pistorius will die vor 13 Jahren ausgesetzte Erfassung von Wehrfähigen wieder aufbauen. Das Modell des Verteidigungsministers: Alle jungen Leute eines Jahrgangs sollen erfasst werden. Konkret bedeutet das: Frauen und Männer werden zum 18. Geburtstag angeschrieben. Die Männer werden aufgefordert, in einem Fragebogen Auskunft über ihre Bereitschaft und Fähigkeit zum Bundeswehrdienst zu geben und sich bei Auswahl einer Musterung zu stellen. Bei Frauen ist die Rücksendung des Fragebogens freiwillig. Niemand soll gezwungen werden, Wehrdienst zu leisten. Zumindest bis auf Weiteres.

Doch eine Wiedereinführung der Wehrpflicht stößt nicht in allen Parteien der Regierungskoalition auf Zustimmung. Die Debatte – gewissermaßen der Frontverlauf – geht quer durch die politischen Lager. So setzt SPD-Chef Lars Klingbeil bei der Rekrutierung weiterhin auf Freiwilligkeit und plädiert dafür, die Bundeswehr stattdessen »attraktiver« zu machen. Höheres Gehalt, größere Karrierechancen, sichere, familienfreundliche Leistungen? Soldat sein, ein moderner Job? Das Verteidigungsministerium wirbt schon jetzt großflächig auf Plakatwänden.

Die Resonanz bei potentiellen Bewerbern ist dennoch überschaubar. Für den Parlamentarischen Geschäftsführer der FDP, Johannes Vogel, wäre die Rückkehr zur Wehrpflicht ohnehin ein Hindernis »auf dem Weg zur Profi-Bundeswehr«. Er greift damit ein weiteres Argument gegen die Wehrpflicht auf: Zur effektiven Landesverteidigung sind Wehrpflichtige heute angesichts der Komplexität bei Ausrüstung, Material und Waffensystemen womöglich gar nicht mehr in der Lage, den Dienst an der Waffe zu verrichten. Einspruch kommt pflichtgemäß vom Bundeswehrverband. Es gehe um die Verteidigungsfähigkeit und Schlagkraft der Truppe – und um die Frage, ob wir gut vorbereitet und verteidigungsbereit sind. Wie der Verteidigungsminister fordert die Soldatenlobby: »Deutschland muss kriegstüchtig werden.«

Wohin diese auf Kriegstüchtigkeit ausgerichtete Reise der Bundeswehr gehen soll, lässt sich in der *Zeitschrift für innere Führung* (IF 2/24) der Bundeswehr erkunden, wo es im Editorial heißt: »Kriegstüchtig werde ich nur innerhalb einer Gesellschaft, die mir das notwendige Rüstzeug und die Unterstützung gibt, um in der von Tod und Gewalt geprägten Auseinandersetzung zu gewinnen.« Ein Generalleutnant geht wenige Seiten später noch einen Schritt weiter und schreibt: »Mit Kriegstüchtigkeit geht explizit auch die Fähigkeit einher, in einem möglichen Krieg den Sieg erringen zu können.« Dafür sei ein »kriegstaugliches Mindset« notwendig, ergänzt ein schreibender Oberstleutnant. Fazit: Es brauche eine »wehrhafte Bevölkerung«, eine Gesellschaft, »die offen für Wehrdienst« sei und eine »persönliche Verteidigungsbereitschaft« bejahe. Alles ganz nach den Plänen Pistorius.

In Bayern geht man damit voran. Offensichtlich ganz im Sinne der bundesregierungsamtlich ausgerufenen militärischen »Zeitenwende« und des staatlichen Bemühens, die Bundeswehr umfassend »gesellschaftsfähig« und »kriegstüchtig« zu machen, wurde nun – bundesweites Novum – ein *Bundeswehrförderungsgesetz* beschlossen, das Hochschulen und Schulen zu einer engeren Kooperation mit der Bundeswehr verpflichtet. Es sieht vor, dass von Hochschulen, Universitäten und Forschungseinrichtungen eine »reibungslose Zusammenarbeit« und ein »ungehinderter Zugang der Bundeswehr zu Forschung und Entwicklung an Hochschulen sichergestellt« werden. Wörtlich heißt es im Gesetzestext: »Erzielte Forschungsergebnisse dürfen auch für militärische Zwecke der Bundesrepublik Deutschland oder der NATO-Bündnispartner genutzt werden«. Und: »Eine Beschränkung der Forschung auf zivile Nutzungen (Zivilklausel) ist unzulässig«. Denn Zivilklauseln seien »angesichts der bestehenden sicherheitspolitischen Herausforderungen nicht hinnehmbar«; schließlich gehe es darum »das Forschungs- und Wissenschaftspotential der bayerischen Hochschulen auch zugunsten militärischer Forschung und Entwicklung« zu sichern. Kritiker sind alarmiert und melden sich zu Wort. Sie verweisen darauf, das Gesetz sei möglicherweise verfassungswidrig, es solle Universitäten und Hochschulen davon abhalten, eine militärische Nutzung ihrer Forschung zu verbieten – auch wenn es derartige sogenannte »Zivilklauseln« noch nirgendwo im Freistaat gibt. Stattdessen wird ein Kooperationsgebot von Hochschulen und Bundeswehr vorgeschrieben, in Fragen der nationalen Sicherheit sogar eine Kooperationspflicht.

Nicht nur die Hochschulen, auch die Schulen sind nach dem bayerischen Gesetz betroffen. Sie sollen »im Rahmen der politischen Bildung« und zu »Fragen der Sicherheits- und Verteidigungspolitik« mit »Jugendoffizieren« und »Karriereberatern der Bundeswehr« kooperieren, auch zur »beruflichen Orientierung über Berufs- und Einsatzmöglichkeiten« bei der Bundeswehr. Bisher konnten Schulen und Lehrkräfte selbst entscheiden, ob sie die Bundeswehr in den Sozialkundeunterricht einbinden, jetzt wird es praktisch zum Zwang. Dies beeinträchtigt die Gewissensfreiheit der Schüler und Schülerinnen, die auf diese Weise einseitig beeinflusst werden, kritisiert die Gewerkschaft Erziehung und Wissenschaft (GEW) Bayern in einer Petition. Sie verweist auf einen bedenklichen Trend: Die Bundeswehr hat in den letzten fünf Jahren bundesweit fast 8.000 Minderjährige rekrutiert und an Waffen ausgebildet (mit Einverständnis der Erziehungsberechtigten). Mit zuletzt steigender Tendenz. Und dies, obwohl der UN-Kinderrechtsauschuss ein Rekrutierungsalter von über 18 Jahren, also

Volljährigkeit, fordert, um die weltweite Rekrutierung von Kindersoldaten auszuschließen.

In der Gesetzesbegründung heißt es, »Aufgabe des Staates« sei es, »unsere Gesellschaft auf die grundlegend veränderte sicherheitspolitische Lage vorzubereiten«, die Auswirkungen auf fast alle Lebensbereiche habe. Auch der Freistaat müsse »im Rahmen seiner (Regelungs-)Kompetenzen dazu beitragen, die Bundeswehr zu stärken, die Rahmenbedingungen für die Erfüllung der Aufgaben der Bundeswehr wie auch der Stationierungsstreitkräfte bestmöglich auszugestalten sowie den Rückhalt in der Bevölkerung für unsere Soldatinnen und Soldaten zu festigen«. Und tatsächlich gibt es bereits Pläne des Bundesbildungsministeriums, das Militär in Schulen noch intensiver werben zu lassen und Hochschulen für Militär- und Rüstungsforschung stärker zu öffnen.

Für den Gesetzentwurf stimmten CSU und Freie Wähler. Sie verteidigten die Neuerungen als »unbedingt notwendig«, auch um die Sicherheit und Verteidigungsfähigkeit des Landes zu stärken. Staatskanzleichef Florian Herrmann (CSU) warf Kritikern »ideologische Verblendung« vor. Die SPD beklagte zwar, dass die Koalition viele Änderungswünsche nicht berücksichtigt habe und deshalb bei einer möglichen Klage die alleinige Verantwortung für juristische Versäumnisse oder Ungenauigkeiten trage, doch sie stimmte für das Gesetz. Anders die Grünen, die ebenfalls gravierende verfassungsrechtliche Bedenken anmeldeten und deshalb gegen das Gesetz stimmten; die AfD enthielt sich.

Außerhalb des Landtags regt sich spürbarer Protest. Mehr als 1.500 Personen – darunter der Liedermacher Konstantin Wecker, die Theologin Margot Käßmann, der Arbeitsrechtler Wolfgang Däubler und der ehemalige IG-Metall-Chef Jürgen Peters – unterzeichneten eine Petition gegen das Gesetz. Sie befürchten unter anderem, mit der Umsetzung gehe eine »Militarisierung des Bildungs- und Forschungsbereichs« einher. Das neue Bundeswehrförderungsgesetz greife »unverhältnismäßig in die Autonomie der Hochschulen und damit in die Forschungs- und Wissenschaftsfreiheit ein« und verstoße »gegen die Gewissensfreiheit an Schulen«. Bayerns Ministerpräsident Söder (CSU) hält das Gesetz dagegen für »unbedingt notwendig«. Wie Verteidigungsminister Pistorius sieht er darin einen ebenso sinnvollen wie notwendigen Beitrag zur geforderten »Kriegstüchtigkeit«.

Dass die militärische »Zeitenwende« mit immensen Kosten verbunden ist, wird quer durch die Parteien allseits akzeptiert. Nur im linken Spektrum regt sich Protest – doch der gilt in der allgemeinen Aufrüstungseuphorie als notorische Verweigerung weltfremder Idealisten, die neuen Herausforderungen als verteidigungspolitische Notwendigkeiten zu akzeptieren. Galt gestern noch »Nie wieder Krieg«, heißt es jetzt »Kriegstüchtigkeit«, um ein gigantisches Aufrüstungsprogramm zu legitimieren. Das Schrauben an der Rüstungsspirale kennt nach aller Erfahrung kein Limit. Deutschland hat mit 52,3 Milliarden Euro bereits den sechsthöchsten Verteidigungshaushalt hinter den USA, China, Russland, Saudi-Arabien und Indien, hinzu kommt nun noch das 100-Milliarden-Sondervermögen für Ausrüstung und Aufrüstung. Die Einkaufsliste von Boris Pistorius ist lang. Das Heer erhält 16 Milliarden Euro um unter anderem weitere Leopard-II-Kampfpanzer (Stückpreis 15 Milliarden Euro) zu besorgen. Für den Ausbau der Digitalisierung sind 21 Milliarden Euro vorgesehen, die Marine wird mit 8 Milliarden Euro ausgestattet, zum Kauf neuer Fregatten und Korvetten. Die Luftwaffe erhält 33 Milliarden Euro zum Kauf neuer Eurofighter und Hubschrauber.

Nach Berechnungen der Nato benötigt der deutsche Militärhaushalt für die Zukunft 250 Milliarden Euro, deutlich mehr als das sogenannte Sondervermögen und die Festlegung des jährlichen Militärhaushalts auf mindestens 2 Prozent des regulären Staatshaushaltes. Bislang galten schon 1,5 Prozent als ambitioniert. Signifikant höhere Militärausgaben stehen also auch in Zukunft ins Haus.

Was ist zu tun? Von meiner naiven Grundierung, die ich aus der 1968er-Zeit mitgebracht habe, muss ich mich offensichtlich verabschieden. Damals war ich – und mit mir viele andere junge Kerle – gegen Aufrüstung, gegen Militär, gegen Soldatentum. Ich las Bertrand Russell und Albert Einstein. Und der hatte geschrieben: »Die erste Atombombe hat nicht nur die Stadt Hiroshima zerstört. Sie hat auch unsere traditionellen, längst überholten politischen Ideen endgültig vernichtet.« Es geht um ein eindeutiges Entweder-Oder. Ich nahm eine gerichtsähnliche Verhandlung auf mich, um als »Kriegsdienstverweigerer« anerkannt zu werden. Danach fünfzehn Monate »Ersatzdienst« in der Rettungsambulanz mit dem guten Gefühl, auf der richtigen, der friedliebenden, antimilitaristischen Seite zu stehen. Mein Onkel schimpfte mich einen »Drückeberger«. Ich wählte – was sonst? – eine »Friedenspartei«: DIE GRÜNEN.

Heute gibt Joschka Fischer *Zeit online* ein Interview. Und sagt, man müsse sich derzeit gegenseitig mit Vernichtung drohen, atomare Abschreckung sei unausweichlich, wir sollen auf Rüstung setzen und natürlich sei das alles »nicht mit Schuldenbremse und ausgeglichenen Haushalten« zu erreichen. Rüstung und Verteidigung koste eben Geld. Fischer fordert eine europäische Atomstreitmacht. Diejenige Frankreichs und Großbritanniens reiche nicht. Europa brauche eine nukleare »Verteidigung«. Als Fischer sehr jung war, haben wir darüber gestritten.

Aufrüsten heißt jetzt »modernisieren«, und dieses neue militaristische Sendungsbewusstsein versucht Deutungshoheit in der Gesellschaft zu erlangen. Und dafür braucht es ein »kriegstaugliches Mindset«. Wenn notwendig, per Gesetz. Bayern marschiert mit seinem »Bundeswehrförderungsgesetz« voran. Weitere Bundesländer werden folgen.

(Juli, 2024)

Zumutung Demokratie

»Die Hölle«, so wusste Jean-Paul Sartre, »das sind die Anderen«. In eine besondere Spielart dieser Hölle versetzt uns die Demokratie, die uns als Staatsform nicht nur ein großes Versprechen politischer Freiheit gibt, sondern auch die Zumutung auferlegt, die »Anderen« mit all ihren abweichenden Meinungen, Bedürfnissen und Interessen tatsächlich zu ertragen. Ja, Demokratie ist mitunter anstrengend, langwierig, nicht selten ermüdend.

Sophie Schönberger, Parteienforscherin und Professorin für Öffentliches Recht an der Heinrich-Heine-Universität Düsseldorf lässt Sartre gleich zu Beginn ihres Essays *Zumutung Demokratie*, erschienen im C.H.-Beck-Verlag, zu Wort kommen, um sich auf den folgenden Seiten ergiebig dem Zustand unserer demokratischen Wirklichkeit zu widmen: präzise, analytisch und emphatisch. Ihr Anliegen wird rasch sichtbar: Um den vielfältigen Herausforderungen gewachsen zu sein, denen unsere Demokratie ausgesetzt ist, braucht es vor allem eines: die Bereitschaft des Einzelnen, sich zu »vergemeinschaften«.

Wenn wir uns darauf verständigen können, dass Demokratie nicht das ist, worauf die Bürgerinnen und Bürgern Anspruch haben, sondern etwas, das uns in Anspruch nimmt – dann sind wir demokratiefähig. Vom *ICH zum WIR* – das ist die Formel, die sich eine demokratische Gesellschaft im besten Falle selbst auferlegt. Demokratie, so die Autorin, ist eine *Zumutung*, weil sie andauernder, empathischer *Zuwendung* bedarf. Sie lebt von Teilnahme und Teilhabe, von Verpflichtung und Verantwortung. Viel bequemer ist es, wenn ein vermeintlich starker Mann – eine vermeintlich starke Frau – durchregiert, wenn man sich nicht allzu viele Gedanken machen muss. Genau mit diesem Versprechen einer radikalen Reduktion von Komplexität locken die Feinde der Demokratie. Sie locken mit der Unfreiheit.

Freiheit aber – wer würde dies bezweifeln – macht den Kern von Demokratie aus. Demokratie ermöglicht nicht nur Freiheit, sie ist selbst Ausdruck von Freiheit. Der Begriff ist so etwas wie die »Leitwährung«. An ihm müssen sich Institutionen und Verfahren messen lassen. Die Frage nach der angemessenen Interpretation des Begriffs Freiheit stellt sich in besonderer Dichte in Krisenzeiten. Tatsache ist: Wir leben im permanenten Krisenmodus. Die einzige verlässliche Erwartung an die Zukunft besteht darin, dass noch weitere Krisen auf uns zukommen: Krieg, Klima, Corona, Inflation. Alte Gewissheiten verlieren ihre Gültigkeit, etwa die vom steten Wachstum, Frieden und Wohlstand. Krisen sind in der modernen Gesellschaft kein Ausnahmefall, sondern der Normalzustand. Moderne Gesellschaften befinden sich gewissermaßen immer im Ungleichgewicht. Wir leben in einer fragilen Wirklichkeit.

Wo Vertrauen in die Politik und die tragenden parlamentarischen Institutionen fehlt, entstehen Enttäuschung, Rückzug, Ignoranz, Teilnahmslosigkeit. Kein guter Zustand, denn Demokratie lebt auch von der Hoffnung, dass Dinge besser werden. Der Verlust des Glaubens an die Zukunft ist ein Problem für die Demokratie. Geringe Wahlbeteiligung ist ein bedenkliches Signal, ebenso das Votum für populistische Parteien.

In ostdeutschen Bundesländern wie Thüringen erreicht die AfD konstant weit über 25 Prozent der Stimmen, in Sachsen kommt die Partei nahe 30 Prozent. Demokratieverachtung grassiert nicht allein im Osten Deutschlands, auch der westdeutsche Bürger stimmt mit ein. Es sind nicht allein kauzige, in Cordhosen gekleidete 2023Reichsbürger, die aus der Bahn gleiten und einen verschlungenen Pfad demokratiefeindlicher Polithäme eingeschlagen haben. Die radikalisierte Peripherie der Gesellschaft ist unübersehbar auch von Mitgliedern der bürgerlichen Mitte besiedelt. Populismus greift auch auf dem Golfplatz. Wir müssen aufpassen, was den demokratischen Himmel verdunkelt. Gesellschaften können Zivilität lernen – und verlernen. Es gibt einen Prozess der Ent-Demokratisierung und Ent-Solidarisierung, der nur schwer reversibel ist.

Es ist die Stärke des Buches, unseren Blick dafür zu schärfen, was uns unsere Demokratie wert sein sollte. Schönberger weiß, gegen die Erosion demokratischer Errungenschaften gibt es keine »Wunderwaffe«. Es ist ein beständiger, mitunter mühsamer Weg. Und sie hat einen alltagskompatiblen Vorschlag: möglichst viele Orte des Austauschs zu schaffen, die Partizipation ermöglichen; Orte, die Demokratie »erlebbar« machen, sich als Gemeinschaft zu begreifen, miteinander zu leben, miteinander zur reden, miteinander zu regieren. Es braucht staatlich geförderte Begegnungsangebote zur Einübung, Stabilisierung und Weiterentwicklung einer demokratischen Kultur. Denn: »Demokratie ist nichts Selbstverständliches« – so der erste Satz ihres Essays. Sophie Schönberger ist mit *Zumutung Demokratie* eine kluge Gegenwartsdiagnostik gelungen, die uns ins Gewissen redet. Ein wichtiges Buch zur rechten Zeit.

(April, 2023)

VOLK UND VATERLAND

Über das Erinnern und Vergessen

Der »Treueid« von 1933

Am 9. Dezember 2023, um 12 Uhr mittags, läuteten zeitgleich in Rom und in Paderborn die Glocken, zunächst des Paderborner Domes und dann aller Kirchen im westfälischen Glaubenssprengel. Ein freudiges Ereignis galt es mit Glockengeläut zu verkünden: Der katholische Glaubenssprengel hat einen neuen Erzbischof. Nach der Ernennung durch Papst Franziskus übernahm nun Udo Markus Bentz, zuletzt Weihbischof und Generalvikar im Bistum Mainz, das Amt des 67. Bischofs und fünften Erzbischofs von Paderborn. Der Gottesmann leitet die Erzdiözese mit rund 1,4 Millionen Katholiken und fast 3.000 Mitarbeitenden. Das Erzbistum umfasst 617 Pfarrgemeinden in 108 Seelsorgeeinheiten. Nicht allein jenseitige Verkündungskompetenz, auch irdische Managementqualitäten sind hier gefragt.

Sein größter Wunsch sei, »dass wir als Kirche von Paderborn mit offenen Augen durch die Welt gehen und die Lebenskraft unseres Glaubens wahrnehmen, nicht nur für uns selbst, sondern grundsätzlich für das Zusammenleben der Gesellschaft. Und dass wir den Mut haben, dazu gemeinsam zu stehen!«, verkündete der neue Erzbischof in einem Interview. Am 10. März fand am im Hohen Dom zu Paderborn die Einführung des neuen Erzbischofs statt. Vorher musste er den im Konkordat vorgeschriebenen »Treueid« vor den Ministerpräsidenten der Länder Nordrhein-Westfalen, Hessen und Niedersachsen ablegen – ein längst aus der Zeit gefallener Vorgang. Die Beteiligung des Staates an der Personalauswahl der Bischöfe und die Ablegung des Treueeides gehen noch auf Regelungen des längst aufgelösten Landes Preußen mit dem Heiligen Stuhl von 1929 (»Preußenkonkordat«) und des Reichskonkordats vom 20. Juli 1933 (»Hitlerkonkordat«) zurück. Es erinnert der Wortlaut an ein mittelalterliches *Homagium*, wenn Bischöfe dem zuständigen Ministerpräsidenten (im Wortlaut »Reichsstatthalter«) ihren Treueeid leisten. Lauschen wir hier – gewissermaßen als externe Zuhörerschaft – dem Treueeid gemäß Artikel 16 des Reichskondordats von 1933, der auch im Jahr 2024 vom neuen Erzbischof Udo Markus Bentz abgelegt wird:

»Vor Gott und auf die heiligen Evangelien schwöre und verspreche ich, so wie es einem Bischof geziemt, dem Deutschen Reich und dem Lande Treue. Ich schwöre und verspreche, die verfassungsmäßig gebildete Regierung zu achten und von meinem Klerus achten zu lassen. In der pflichtmäßigen Sorge um das Wohl und das Interesse des deutschen Staatswesens werde ich in Ausübung des mir übertragenen geistlichen Amtes jeden Schaden zu verhüten trachten, der es bedrohen könnte ...«

Ganz im Sinne der Sorge gegenseitigen Interesses werden bis heute Bischöfe und weiteres kirchliches Führungspersonal behandelt wie Beamte des öffentlichen Dienstes. Die Gehälter beziehungsweise »Dotationen« von Bischöfen und Landesbischöfen, monatlich etwa 8000 Grundgehalt, Erz- und evangelische Landesbischöfe oder Kardinäle bekommen bis zu 12.000 Euro, werden vom Staat übernommen. Bundesländer (Ausnahme: der Stadtstaat Bremen) bezahlen auch für Domkapitulare, Oberkirchenräte und Dommessner. Hinzu kommt, dass gehobenes klerikales Personal meist nahezu mietfrei wohnt und über Dienstwagen mit Chauffeur verfügt. Die klerikalen Eminenzen fahren gerne S-Klasse statt S-Bahn.

Gefragt, was er den Gläubigen im Erzbistum Paderborn als Erstes mitteilen wolle, sagte Bentz in einem Interview: »Es geht nicht nur darum, was mir wichtig ist, sondern was uns allen wichtig ist. Ich möchte gemeinsam mit den Gläubigen Gottes Ruf wahrnehmen und die Botschaft des Evangeliums in unserem Leben verankern.« Als langgedienter Karriere-Kleriker weiß er, wie sich die Verbreitung himmlischer Botschaften kongenial mit der Akkumulation weltlichen Reichtums verknüpfen lässt: Das Erzbistum Paderborn ist mit einem Vermögen von rund 7,15 Milliarden Euro (das Vermögen des Erzbischöflichen Stuhls und von sechs erzdiözesanen Stiftungen inbegriffen) das reichste Bistum in Deutschland. Ein solides Finanzportfolio erwartet den Erzbischof an seiner neuen Wirkungsstätte. Die Gläubigen in und um Paderborn dürfen auch weiterhin darauf hoffen, dass Gottes Ruf sie erreichen wird, auch dank staatlicher Alimentierung und fragwürdiger Sonderrechte – gefestigt und besiegelt im Treueeid.

Dabei sind nach unserem Grundgesetz Staat und Kirche voneinander getrennt und der Staat weltanschaulich neutral. In innerkirchliche Angelegenheiten hat sich der Staat herauszuhalten. Doch daran hapert es.

Obschon die Zahl der Mitglieder der zwei großen christlichen Kirchen inzwischen dramatisch gesunken ist – nur noch 48 Prozent der Deutschen waren 2023 Mitglied einer der beiden christlichen Großkirchen – reklamieren beide weiterhin Privilegien für sich. Sie möchten besonders behandelt werden: rechtlich, fiskalisch, gesellschaftlich. Und der Staat gewährt ihnen zahlreiche Steuervorteile und Sonderrechte sowie Staatsleistungen von über 620 Millionen jährlich. Änderung ist nicht in Sicht. Zu verwoben ist diese Einheit aus politischer Macht und organisiertem Glauben.

Nein, es geht nicht darum, die Kirchen aus dem gesellschaftlichen Leben zu verbannen, sondern allein darum, die fragwürdige Verknüpfung mit dem Staat endlich zu beseitigen, mit der die Kirchen sich Sondervorteile vor anderen Gruppen in der pluralistischen Konkurrenz um gesellschaftlichen und politischen Einfluss verschaffen. Diese »unheilige Allianz« zwischen Staat und Kirche ist nicht mehr zeitgemäß. Die andauernde Verletzung des Verfassungsgebots staatlicher Neutralität muss ein Ende haben. Und der anachronistische Treueeid, den deutsche Bischöfe schwören? Dieses zweifelhafte Relikt aus der NS-Zeit sollte abgeschafft werden. Schnellstens. Nicht nur in der Düsseldorfer Staatskanzlei.

(Februar, 2024)

»Für immer ehrlos ...!«

Deutschland im Oktober 1943: Sirenen heulen in den Städten, das anschwellende Summen der Flieger ist zu hören, noch während die Menschen in die Luftschutzbunker flüchten, detonieren die Bomben. Der Krieg ist dorthin zurückgekehrt, wo er Jahre zuvor entfacht worden war: in Hitlers nationalsozialistisches Deutschland. Auf Hannover fallen in der Nacht zum 9. Oktober über 261.000 Bomben. Zurück bleibt ein Trümmerfeld. In Kassel werfen wenige Tage später, am 22. Oktober, 400 britische Flugzeuge 416.856 Brandbomben ab. Der Feuersturm ist noch in fünfzig Kilometer Entfernung am Himmel zu sehen. Ein Inferno. 10.000 Menschen sterben, hinzu kommen zahllose Verletzte. 85 Prozent der Wohnungen werden zerstört. Schon Monate zuvor haben die Luftangriffe begonnen, in der Nacht zum 28. Juli wird Hamburg bombardiert. Ihren Höhepunkt erreichen sie in der Nacht zum 28. Juli, in der 30.000 Menschen sterben. Ganze Stadtteile verschwinden. Im Hagel aus Spreng- und Brandsätzen brennen nicht nur deutsche Großstädte. Mehr als tausend Ortschaften, darunter 161 Stadtgemeinden, werden zum Ziel britischer und amerikanischer Luftangriffe. Der Anfang vom Ende. Das »Tausendjährige Reich« fällt von Tag zu Tag sichtbarer in Schutt und Asche. Frankfurt, Köln, das Ruhrgebiet, München, Nürnberg, Dresden, Leipzig werden folgen, auch Darmstadt, Pforzheim und Düren – beinahe jede Stadt mit mehr als 50.000 Einwohnern.

»Haltet aus!«, appelliert die NS-Propaganda unaufhörlich über Volksempfänger, erinnert die Volksgenossen an ihre »unbesiegbaren Tugenden«: an Opferbereitschaft, Vaterlandsliebe, Mut, Entschlossenheit und Gehorsam. Reichsjustizminister Thierack, fordert seine Staatsanwälte und Richter auf, mit besonderer Härte gegen »Defätisten« und »Wehrkraftzersetzer« vorzugehen. Im Oktober schreibt er an den Präsidenten des Volksgerichtshofs Roland Freisler und bittet den »sehr geehrten Herrn Präsidenten«, doch sein Augenmerk besonders auf Durchführung und Urteile der Prozesse zu richten, da die Bedeutung des Volksgerichtshofs »für das Halten der inneren Front« erheblich gestiegen sei. »Die Tätigkeit des Volksgerichtshofs«, schreibt Thierack, »darf sich nicht allein darin erschöpfen, die vor ihm Angeklagten der verdienten Strafe zuzuführen, sondern er muss darüber hinaus eine politische Führungsaufgabe erfüllen.« Er bittet Freisler, darauf zu achten, dass nur solche Richter den Vorsitz erhielten, die »den in Frage stehenden Stoff auch politisch völlig meistern«.

Das »Halten der inneren Front« benötigt eine noch konsequentere Justiz, und der Volksgerichtshof, als Tribunal in der »vordersten Linie«, ist hierbei besonders gefordert. Dies betrifft auch Vereinfachungen im Verfahren, beispielsweise die Begnadigungspraxis. So sollen die Todesstrafen für Wehrkraftzersetzung nicht nochmals untersucht werden, auch auf die Gefahr hin, dass mitunter Unschuldige hingerichtet werden. Die Kriegssituation verlange — so Thierack —, dass die Prozesse rasch abgeschlossen und die Urteile konsequent vollstreckt werden.

Und so verrichten die Volksgerichtshofrichter und Beisitzer ohne Unterlass ihre Arbeit, während Deutschland von Tag zu Tag mehr unter der Bombenlast der Alliierten zusammenbricht. Wollen sie das bevorstehende Ende nicht wahrhaben, oder spornt sie ihr fanatischer Wahn noch einmal zu einem blutigen Rachefeldzug gegen all jene an, die sie für den bevorstehenden Untergang verantwortlich machen? Beinahe jeder zweite Angeklagte wird nun in den Volksgerichtshofprozessen zum Tode verurteilt: wegen Verbrechen wie »Abhören feindlicher Radiosender«, »Plünderung nach Bombenangriffen« oder »Defätismus« und »Wehrkraftzersetzung«.

Freitag, 29. Oktober 1943, der Himmel über Berlin ist leicht bewölkt, Sonnenstrahlen brechen immer wieder durch. Die Reichskanzlei in der Wilhelmstrasse erreichen schlechte Nachrichten: Die Rote Armee tritt im Mittelabschnitt der Ostfront westlich von Smolensk zu einem neuen Angriff gegen die dortigen deutschen Truppen an. Und im norditalienischen Genua nehmen die Alliierten den Hafen ein und rücken gen Norden vor. Nur wenige Gehminuten von der Wilhelmstraße, in der Bellevuestraße 15, beginnt am Volksgerichtshof der Prozess gegen Elfriede Scholz, vierzig Jahre alt, Schneiderin, geschieden, zuletzt wohnhaft in Dresden, angeklagt wegen »Wehrkraftzersetzung«. Wer ist Elfriede Scholz?

Sie kommt am 25. März 1903 als jüngstes von fünf Kindern mit dem Nachnamen Remark zur Welt. Die Geschwister wachsen in Osnabrück auf. Die Familie Remark lebt in einfachen Verhältnissen. Während ihr Bruder Erich plant, Lehrer zu werden, entscheidet Elfriede sich für eine Lehre als Schneiderin. Von Osnabrück zieht es sie erst nach Leipzig, dann nach Berlin und schließlich nach Dresden. Dort arbeitet sie als selbstständige Hausschneiderin. Ihr Bruder Erich wird unterdessen 1916 für den Krieg eingezogen. Erich Maria Remarque – wie er sich nennt – erfährt am eigenen Leib, wie leidvoll die Erfahrungen eines Krieges sind. Nachdem der Erste Weltkrieg beendet ist, arbeitet er eine Zeit lang als Lehrer. Schlussendlich widmet er sich aber doch der Schriftstellerei. Zunächst bleibt Remarque erfolglos. Erst mit *Im Westen nichts Neues* landet der junge Autor einen Welterfolg. Amerika ruft.

Auch wenn ihre Lebensentwürfe sehr unterschiedlich sind, seine pazifistische Einstellung teilt Schwester Remarque mit dem bekannten Bruder. 1933 werden seine Bücher zusammen mit Werken von Erich Kästner, Bertold Brecht, Franz Kafka und vielen anderen verboten und verbrannt. Doch während ihr Bruder zum internationalen Star der Literatur aufsteigt, muss Elfriede Remark sich durchkämpfen. Ihre Schneiderei läuft schleppend. Unterstützt Remarque sie zunächst noch finanziell, bricht der Kontakt schließlich ab. Der Autor lebt in einer »anderen«, einer kosmopolitischen, mondänen Welt.

Elfriede lernt Heinz Scholz kennen, der als Schlagzeuger einer Tanzkapelle in Dresdner Kaffeehäusern auftritt. Anfang Dezember 1940 wird er zur Marineartillerie eingezogen. Im Mai 1941 heirateten die beiden während eines kurzen Fronturlaubs. Doch die Ehe ist nicht glücklich. Bereits vier Monate nach der Hochzeit verlangt Heinz die Scheidung. Doch Elfriede, die ihren Nachnamen Scholz weiterhin trägt, kann ihre kleine Schneiderei in Dresden etablieren und so der finanziellen Not entkommen. Sie hat sich mit Ingeborg Rietzel, einer ihrer Kundinnen, angefreundet, sie besuchen sich in ihren Wohnungen, empfinden gegenseitige Sympathie und Vertrauen. In Gesprächen erzählt Elfriede nicht nur von ihren Sorgen, sondern lässt auch ihrem Ärger über »die Politik«, die Nationalsozialisten und die Kriegsfolgen freien Lauf. Davon erzählt Ingeborg ihrem Mann, einem Hauptmann der Wehrmacht. Der erstattet Anzeige.

Am 18. August 1943 steht die Gestapo vor ihrer Tür. Elfriede Scholz wird verhaftet, verhört, schließlich wegen »Wehrkraftzersetzung« angeklagt. Nach kurzer Polizeihaft kommt sie in das Untersuchungsgefängnis Berlin-Moabit. Dort wartet sie auf ihren Prozess. Am 26. Oktober wird ihr endlich eine mehrseitige Anklageschrift ausgehändigt, unterzeichnet von Reichsanwalt Albert Weyersberg. Sie wird beschuldigt,

»fortgesetzt und öffentlich die Wehrkraft des deutschen Volkes zu zersetzen und den Feind begünstigt« zu haben. Als Beweismittel werden Zeuginnen zitiert, neben Ingeborg Rietzel nun auch die Hausbesitzerin Toni Wetzel. Ihr gegenüber habe die Angeschuldigte mehrfach zum Ausdruck gebracht, dass sie nicht an den deutschen Endsieg glaube. Der Reichsanwalt beantragt eine Hauptverhandlung vor dem Volksgerichtshof und die Zuordnung einer Pflichtverteidigung. Drei Tage danach steht Elfriede Scholz als Angeklagte vor der Richterbank.

Den Vorsitz hat Roland Freisler. Er ist nicht nur Präsident des Sondergerichts. Er ist ein gefürchteter, gnadenloser Richter. Filmdokumente halten fest: Er erniedrigt Angeklagte mit Spott und Hohn, er tobt und schreit. Er macht er den Gerichtssaal zur persönlichen Bühne. Sein Senat verhängt besonders oft Todesurteile. Hinter dem Richtertisch hängt eine blutrote Hakenkreuzfahne, davor steht eine Hitler-Büste. Der Gerichtssaal ist gut besetzt: Parteigänger in Uniform, Justizangestellte, ausgewähltes Publikum, Redakteure gleichgeschalteter Zeitungen. Als Freisler mit seinen Beisitzern in roten Roben den Saal betritt, erheben sich die Anwesenden nicht nur wie im Gericht üblich, sie recken den Arm zum Hitlergruß. Elfriede Scholz, die Angeklagte, ist die Einzige, die ihren Arm nicht hebt. Erst vor wenigen Minuten war sie aus dem Berliner Frauengefängnis hierhergebracht worden, ein Wachtmeister hatte ihr die Handfessel geöffnet. Jetzt sitzt sie in sich gekehrt auf ihrem Stuhl, am Rand ihre Pflichtverteidigerin. Freisler eröffnet die Sitzung. Mit schneidiger, durchdringender Stimme fragt er nach ihrem Geburtsnamen.

»Remark? In meiner Akte steht am Ende ein ›k‹ – ist das richtig? ... Ihr werter Herr Bruder schreibt sich doch mit ›q‹«, stellt Freisler in mürrischem Ton fest. »Dieser ehrlose Lump hat gegen die Helden des vergangenen Krieges gehetzt – und Sie machen es ihm heute nach und hetzten gegen die Männer, die sich jetzt so heldenhaft unseren Feinden gegenüberstellen. Aber dafür werden sie büßen. Ihr Bruder ist uns leider entwischt. Sie entwischen uns nicht.«

Freisler ist ganz in seinem Element. Er brüllt, beleidigt, unterbricht ... Elfriede Scholz lässt er kaum zu Wort kommen. Sie räumt ein, Kritik am Krieg geäußert zu haben: »... Da kann man kann sich ja vorstellen, was mit dem armen Menschen an der Font passiert, den vielen jungen Männern, die ihr Leben verlieren ...« , fährt Freisler dazwischen: »Hören Sie auf! Ich verbiete Ihnen, Ihre defaitistische Propaganda hier weiterzubetreiben ... Sie sind wirklich keinen Deut besser als Ihr verkommenes Bruderherz.« Sie starrt zu Boden und schweigt.

Danach machen die beiden Zeuginnen ihre belastenden Aussagen, an einem Plädoyer der Pflichtverteidigung zeigt Freisler kein Interesse. Nach gerade mal einer Stunde verkündet er das Urteil – im Namen des deutschen Volkes:

»Frau Elfriede Scholz, geborene Remark, hat in monatelangen maßlos hetzenden defaitistischen Äußerungen gegenüber einer Soldatenfrau sich bis zu Erklärungen verstiegen, sie möchte dem Führer eine Kugel durch den Kopf jagen, unsere Soldaten seien Schlachtvieh, der Führer habe sie auf den Gewissen, sie wünsche den kämpfenden Soldaten, dass ihre Frauen durch Bombenterror umkommen, und den siegglaubigen Frauen, dass ihre Männer draußen fallen. Als ehrlose, fanatische Zersetzungs-Propagandistin unserer Kriegsfeinde ist sie für immer ehrlos. Sie wird mit dem Tode bestraft.«

Die Verhandlung ist geschlossen. Elfriede Scholz wird von zwei Wachbeamten aus dem Saal geführt. Auf Freisler und seine Beisitzer wartet schon der nächste Prozess. Bis zum Ende des Krieges wird der Volksgerichtshof 5200 Todesurteile fällen, mehr als 2600 davon Freislers Senat.

Schon einen Tag nach dem Todesurteil reicht ihre Verteidigerin Ilse Schmelzeisen-Servaes beim Oberreichsanwalt ein

Gnadengesuch ein. Für Elfriede Scholz beginnt im Berliner Frauengefängnis das lange Warten. Am 13. November 1943 wird das Gnadengesuch abgelehnt. In dürren Worten teilt Reichsjustizminister Thierack der Verteidigerin mit, er habe beschlossen, »vom Begnadigungsrecht keinen Gebrauch zu machen«. Wenige Tage später, am 25. November, wird Elfriede Scholz in die Haftanstalt Berlin-Plötzensee transportiert. Die Vorbereitungen zur Hinrichtung werden getroffen. Sie weiß, dass sie streben muss. Sie schreibt letzte Briefe an ihre Schwester Erna: »Heute Mittag um 1 Uhr bin ich nicht mehr.« An ihren Ex-Mann: »... in Gedanken küsse ich Dich noch einmal wie in den wenigen Tagen, da wir in unserer Ehe zusammen sein konnten«.

Der Morgen graut, sie wartet darauf, dass man sie zu ihrem Henker bringt. Doch es geschieht nichts. Wegen der verstärkten Luftangriffe auf Berlin wird die Hinrichtung verschoben – auch weil der Hinrichtungsbefehl bei einem Bombenangriff auf das Gerichtsgebäude verbrannt ist. Elfriede Scholz wird zurück in das Frauengefängnis gebracht, ein neuer Hinrichtungstermin vom Oberreichsanwalt festgelegt: 16. Dezember. Warten auf den Tod.

Es ist der 16. Dezember. 1943. Um 11 Uhr erscheint der Vollstreckungsleiter, Oberstaatsanwalt Hans Volk, begleitet von einem Justizbeamten und dem Anstaltsarzt. Kurz und in kühlem Ton, wird Elfriede Scholz mitgeteilt, dass auch das zweite Gnadengesuch abgelehnt worden sei. »Die Vollstreckung des Urteils ist für 13 Uhr anberaumt worden.« Der Oberstaatsanwalt wird später protokollieren, die Verurteilte habe die Mitteilung »ruhig und gefasst« entgegengenommen. Beamte holen sie ab. Der Weg führt durch einen langen Flur. Niemand spricht ein Wort. Sie erreichen einen Flachbau, in dessen Vorraum weitere Gefängnisbeamte warten, darunter der Scharfrichter Wilhelm Friedrich Röttger.

Wilhelm Röttger, gelernter Schlosser, der ein Fuhrgeschäft für den Berliner Zentral- und Schlachthof betreibt und – gewissermaßen nebenberuflich – einmal pro Woche im Gefängnis-Plötzensee Hinrichtungen vollzieht, gilt als besonders eifriger Henker. Für sein Henkersamt erhält er ein Jahresfixum von 3000 Reichsmark, zusätzlich 65 Mark »Kopfprämie« für jede Hinrichtung. Von allen Scharfrichtern des Dritten Reichs vollzieht der Familienvater die meisten Hinrichtungen. Es kommt vor, dass er während einer »Schicht« mehr als 30 Menschen tötet – mit dem Fallbeil, aber auch mit dem Strick. Allein im September 1943 richtet Röttgen insgesamt 324 Personen in Berlin-Plötzensee und im Gefängnis Brandenburg-Görden hin. Nun steht er vor Elfriede Scholz. Hinter ihm ein schwarzer Vorhang, dahinter das metallene Fallbeil. »Scharfrichter, walten Sie ihres Amtes!«, fordert der Oberstaatsanwalt Rüttger auf, sein Henkershandwerk zu verrichten. Die Gehilfen führen Elfriede Scholz zum Fallbeilgerät, legen ihren Kopf in eine Aussparung und schließen über ihren Hals einen Bügel. Im nächsten Moment fällt das Fallbeil herab. Elfriedes Kopf fällt in einen Weidenkorb. »Die Vollstreckung dauerte von der Vorführung bis zur Vollzugmeldung 8 Sekunden«, wird es im Protokoll des Oberreichsanwalts heißen.

Dreißig Minuten nach der Hinrichtung wird der Leichnam in eine schmucklose Kiste gelegt und hinüber in das Anatomische Institut der Berliner Charité gebracht. Dort wartet schon Professor Hermann Stieve, der sich den weiblichen Geschlechtszyklus zum Hauptforschungsgebiet erkoren hat und sich Leichname aus dem Gefängnis Plötzensee und dem Konzentrationslager Ravensburg liefern lässt. In Stieves Obduktionsliste, die später entdeckt wird, scheint der Namen Elfriede Scholz unter der Nummer 105 auf.

Das Gefängnis Plötzensee teilt der Schwester mit, Elfriede Scholz sei »amtlich bestattet« worden. Von der Reichsanwaltschaft erhält sie ebenfalls Post: eine Kostenrechnung mit Bitte um Überweisung. Für die »Vollstreckung« fallen 300 Reichsmark an, für Haft und Transportkosten werden 195,68 Reichsmark in Rechnung gestellt, zuzüglich 12 Pfennig Portokosten für die Übersendung der Kostenrechnung, insgesamt ein Betrag von 495,80 Reichsmark.

Erich Maria Remarque, der in New York lebt, erfährt 1946 von Elfriedes Hinrichtung – und ist erschüttert. Es quält ihn der Gedanke, dass seine Schwester seinetwegen zum Tode verurteilt worden ist. In seinem Auftrag bemüht sich der Anwalt Robert W. Kempner bei der Westberliner Staatsanwaltschaft um eine strafrechtliche Verfolgung der noch lebenden Prozessbeteiligten. Am 25. September 1970, erhält er den Einstellungsbeschluss des Kammergerichts Berlin. Laut Kempner hatte die Staatsanwaltschaft nicht einmal den seinerzeitigen, noch lebenden Volksgerichthof-Beisitzer Kurt Lasch vernommen.

Erich Maria Remarque erfährt das nicht mehr. Er stirbt am Tag der Einstellung des Verfahrens im Alter von 72 Jahren an Herzversagen.

(Dezember 2023)

Der Tag, an dem die Bücher brannten

Die Szenerie ist sorgfältig geplant, nichts war dem Zufall überlassen worden: Man hatte Fackeln verteilt, auf Kommando zieht die auf mehrere tausend Menschen angewachsene Menge los, vorneweg Professoren in Talaren, dahinter NS-Studierende, SA, SS, Burschenschaften und Hitlerjugend. Über das Oranienburger Tor, die Hannoversche, die Luisen- und die heutige Reinhardtstraße geht es zum Reichstag, dann durchs Brandenburger Tor zum Opernplatz, eskortiert von berittener Polizei. Auf dem Platz ist ein Holzstoß aufgeschichtet worden. Feuerwehr steht mit Benzinkanistern bereit. Ein Lastwagen karrt mehr als 20.000 Bücher herbei.

Dann fliegen die ersten Fackeln auf den rasch entflammten Scheiterhaufen. Um 23.30 Uhr, nach einer Rede des Berliner Studentenführers Herbert Gutjahr, treten Einzelne aus der Menge hervor vor und werfen die Werke besonders verhasster Autoren ins Feuer, begleitet von vorgegebenen »Feuersprüchen«: »Ich übergebe der Flamme die Schriften von Erich Maria Remarque! ... Gegen literarischen Verrat am Soldaten des Weltkriegs. Für die Erziehung des Volkes im Geist der Wehrhaftigkeit!« Nun werden die Bücher stapelweise von den Lastwagen ins Feuer geworfen.

Auch Propagandaminister Goebbels ist inzwischen erschienen. Er zeigt sich »vor dem Scheiterhaufen der von Studenten verbrannten Schmutz- und Schundbücher« bei seiner Rede »in bester Form«, wie er später in seinem Tagebuch notiert. Mit seinem Auftritt gibt er dem Autodafé einen fast staatlichen Anstrich. Eine Blaskapelle der SA spielt »Volk ans Gewehr«, anschließend das »Horst-Wessel-Lied«, und die Menge stimmt lauthals ein. Erich Kästner, einer der geächteten Autoren, schreibt später: »Ich stand, eingekeilt zwischen Studenten in SA-Uniform, den Blüten der Nation, und sah unsere Bücher in die zuckenden Flammen fliegen.« Werke von Heinrich Heine, Sigmund Freud, Thomas und Heinrich Mann, Bertolt Brecht, Kurt Tucholsky und Carl von Ossietzky.

Am Morgen danach sind Bücher nur noch ein rauchender Aschehaufen. Nicht nur in Berlin. Man versammelt sich am Wilhelmsplatz in Kiel, am Greifswalder Marktplatz, an der Bismarcksäule in Hannover und in weiteren Universitätsstädten. In München ziehen Studierende sowie mehrere tausend Schaulustige in einem Fackelzug durch die nächtlichen Straßen. Kurz vor Mitternacht versammeln sie sich am Königsplatz, darunter auch der bayerische Kultusminister Hans Schemm. In mehr als zwanzig deutschen Universitätsstädten versammeln sich Studenten, Professoren, Parteigenossen und Bürger zur öffentlichen Bücherverbrennung. In Hamburg findet die Verbrennung wegen starken Regens erst am 15. Mai am Kaiser-Friedrich-Ufer statt.

Die Bücherverbrennungen sind der Höhepunkt der vierwöchigen Aktion »Wider den undeutschen Geist«, deren Ziel die Vernichtung des deutsch-jüdischen Geisteslebens ist. Schon Wochen zuvor werden an Universitäten hetzerische Plakate aufgehängt, die jüdische Mitbürger als »Widersacher« des deutschen Volkes bezeichnen, zur Reinerhaltung der deutschen Sprache auffordern und deutsche Hochschulen als »Hort des deutschen Volkstums« preisen. »Schwarze Listen« werden erstellt und die zu verbrennenden Bücher in Bibliotheken und Buchhandlungen ausgesondert. Autorinnen und Autoren, ebenso Professoren von Hochschulen, an deren Gesinnung gezweifelt wird, werden denunziert, beispielsweise durch das Aufstellen von öffentlichen Schandpfählen mit ihren Namen und Werken gebrandmarkt. Hetze und Hass greifen um sich. Nirgendwo regt sich hörbarer Protest. Verbrennen und Verbannen vollziehen sich reibungslos und mit offener oder stiller Zustimmung. Auch Monate nach dem 10. Mai 1933 werden unter anderem durch die Hitlerjugend und Schulbehörden weitere Bücher verbrannt. Insgesamt sind 102 Bücherverbrennungen in über 90 deutschen Städten dokumentiert. Eine schauderhafte Bilanz.

Wie viele Schriftstellerinnen und Schriftsteller von der Verbrennung ihrer Werke betroffen waren, lässt sich heute nicht mehr feststellen. Doch der 10. Mai 1933 war nicht das Finale, es war der Beginn der Auslöschung unliebsamer, »undeutscher« Schriftstellerinnen und Schriftsteller. Dafür sorgte eine ständig erweiterte »Schwarze Liste«, die im Mai 1933 bereits 131 Namen der »Schönen Literatur« und 141 Autorinnen und Autoren der »Politik- und Staatswissenschaften« umfasste. 1939 enthielt die »Liste Nummer 1 des schädlichen und unerwünschten Schrifttums« akribisch aufgeführt 4.175 Einzeltitel und 565 Verbote von Gesamtwerken.

Auch der im »Börsenverein« organisierte deutsche Buchhandel wollte da selbstverständlich nicht im Abseits stehen. Schon am 12. April hatten deren Vertreter ein »Sofortprogramm des deutschen Buchhandels« beschlossen, in dem es heißt: »Der deutsche Buchhandel begrüßt die nationale Erhebung. Er hat seine Bereitwilligkeit zur Mitarbeit an ihren Zielen alsbald zum Ausdruck gebracht.« Woran die Buchhändler so bereitwillig mitarbeiten wollten, verkündeten sie wenige Tage danach in ihrem Verbandsorgan *Börsenblatt*, das alle unerwünschten, »undeutschen« Schriftstellerinnen und Schriftsteller alphabetisch nannte: Lion Feuchtwanger, Alfred Kerr, Heinrich Mann, Erich Maria Remarque, Kurt Tucholsky, Arnold Zweig und weitere 131 Namen. Für alle waren die Folgen verheerend. Schreibverbote wurden verhängt, Vortragstätigkeiten und Lesungen untersagt. Viele Schriftstellerinnen und Schriftsteller flüchteten ins Exil, darunter Anna Seghers und Else Lasker-Schüler. Einige wie Stefan Zweig und Walter Benjamin nahmen sich dort das Leben. Andere wurden verhaftet, gefoltert und im KZ ermordet, so wie Carl von Ossietzky.

Am 10. Mai 1933, dem Tag, an dem in Deutschland die Bücher in Flammen aufgingen, verloren viele Schriftstellerinnen und Schriftsteller mehr als nur ihre berufliche Existenz. Sie verloren ihr Lesepublikum, ihre Heimat. Und einige sogar ihr Leben.

Es war eine späte symbolhafte Wiedergutmachung, als 1979 der Börsenverein des Deutschen Buchhandels zusammen mit der Schriftstellervereinigung PEN-Zentrum Deutschland und dem Verband deutscher Schriftsteller beschloss, diesen 10. Mai zur Erinnerung an die Bücherverbrennungen als »Tag des Buches« zu begehen. Wir sollten uns 90 Jahre danach daran erinnern, was Autorinnen und Autoren angetan wurde – und zu welcher barbarischen Komplizenschaft das »Volk der Dichter und Denker« fähig und bereit war.

Alle die Verfemten und ihre Bücher wiederzuentdecken, hat sich der Literaturkritiker und Schriftsteller Volker Weidermann vorgenommen. In seinem großartigen *Buch der verbrannten Bücher* erzählt er ihre Lebensgeschichten, nicht allein die der kanonisierten Autoren wie Erich Kästner, Irmgard Keun, Lion Feuchtwanger, Egon Erwin Kisch, Alfred Kerr, Kurt Tucholsky oder Ernst Toller, sondern auch die der unbekannteren, ignorierten und vergessenen: Lisa Tetzner, Ernst Glaeser, Arthur Holitscher, Maria Leitner und vieler anderer. Sie alle, deren Bücher einst auf dem Scheiterhaufen des »undeutschen Geistes« in den Flammen loderten, werden in präganten Porträts zurückgehholt, entdeckt und wiederentdeckt. Ihre Bücher neu zu lesen, könnte eine bescheidene, hoffnungsvolle Form der Wiedergutmachung sein.

(Mai, 2023)

Ein Schatten, der auf ein Denkmal fällt

Heidenheim im Süden Deutschlands, hoch oben auf der »Schwäbischen Alb«, einem lieblichen Gebirgsplateau, ist eine vitale Stadt. Knapp fünfzigtausend Einwohner leben hier, es gibt einen Fußballclub, der seit Jahren für Furore sorgt und es bis in die Erste Liga gebracht hat, ein spektakulärer Bibliotheksbau, entworfen vom weltbekannten Schweizer Architekten Max Dudler, ist ein spektakuläres Statement der Moderne – und es gibt eine imposante Freilichtbühne in zauberhafter Naturkulisse – und ja, einen Erinnerungs- und Gedenkstein, von dem gleich noch die Rede sein wird.

Vorab aber noch ein Blick hinunter auf die Stadt, die sich auf einer Höhenlage von bis zu 645 Meter ausbreitet, durchquert von der schmalen Brenz, einem unaufgeregten Flüsschen. Das Panorama unter städtebaulichen Gesichtspunkten als nicht besonders »homogen« zu bezeichnen, empfinden Einheimische nicht als Beleidigung. Mittendrin und nicht zu übersehen: die Firma Voith. Das Unternehmen, gegründet 1867, ist heute ein Technologiekonzern mit bald zwanzigtausend Beschäftigten, weltweit führend im Anlagenbau, Energie, Papier, Rohstoffe und Transport. Man nennt so etwas ein »breites Portfolio«. Im Geschäftsjahr 2020/21 betrug der Umsatz rund 4,3 Milliarden Euro. Die *Voith GmbH & Co.* ist zu 100 Prozent in Familienbesitz. Kurzum: Es lässt sich gut leben in Heidenheim. Dafür sorgt auch die Firma Voith. Der Name gehört zur Stadt.

Ebenso wie ein Name, an den ein massiver Gedenkstein erinnert: den 1891 in Heidenheim geborenen Generalfeldmarschall Erwin Rommel. Auch 78 Jahre nach seinem dem Tod wird immer noch und immer wieder in der Bürgerschaft darüber debattiert, ob Hitlers einstiger Lieblingsgeneral wirklich eines Gedenksteins würdig ist. Zu Rommels Ehren, anlässlich seines 70. Geburtstags im Jahr 1961, wurde er errichtet. Als Standort entschied sich die Stadtverwaltung für ein Gelände mit einer alleinstehenden Buche in parkähnlicher Umgebung im Stadtteil »Zanger Berg«. Der einstige Oberbürgermeister hatte sich vorgenommen hier »etwas architektonisch Schönes« zu schaffen. Und auch der Gemeinderat war der Meinung, General Rommel habe »in der Welt einen guten Klang und seine Heimatstadt keine Veranlassung, von ihm abzurücken«. Das Denkmal wurde genehmigt. Ein zwei Meter hoher Gedenkstein, der seitlich in einem fast vier Meter langen, niedrigen Mauerbogen weitergeführt wird. Ein historisches Statement.

Am 12. November 1961 war es so weit. Das Denkmal wurde eingeweiht. Unter den Gästen: Rommels Ehefrau Lucie und sein Sohn Manfred (der später zum Oberbürgermeister Stuttgarts wird), dazu Landesinnenminister Hans Filbinger (der zum Ministerpräsidenten des Landes aufsteigt, ehe ihn seine Vergangenheit als NS-Marinerichter, der auch an Todesurteilen beteiligt war, um Amt und Ehre bringt). Schon damals waren nicht alle Heidenheimer über die Rommel-Verehrung erfreut. Es folgte eine jahrzehntelange kontroverse Debatte, oft leidenschaftlich und giftig.

Im Zentrum des Streits: Erwin Rommel, der populärste General der Wehrmacht. Am 11. Februar 1941 landeten die ersten deutschen Truppen in Tripolis. Mehr als zwei Jahre tobten wechselvolle Kämpfe entlang der nordafrikanischen Küste. Unter dem Kommando Rommels erzielten die Deutschen spektakuläre Erfolge. Zwar betrachtete Hitler Afrika lediglich als einen

Nebenschauplatz des Krieges, doch der sogenannte »Afrikafeldzug« spielte in der NS-Propaganda eine große Rolle. Die NS-Propaganda feierte die Siege des »Wüstenfuchses«. Erst im Sommer 1942 stoppten die Briten deren Vormarsch nahe der ägyptischen Stadt El Alamein. Nachdem in Marokko und Algerien US-amerikanische und weitere britische Verbände gelandet waren, kapitulierten schließlich am 12. und 13. Mai 1943 die deutschen Truppen. Was überdauerte, war Rommel als militärische Legendenfigur, als »Wüstenfuchs«.

Schon bald nach dem Krieg kam noch eine weitere Facette zum Rommel-Mythos hinzu. Es gab Material, das ihn in Verbindung brachte mit den Hitler-Attentätern vom 20. Juli. In seinem 1949 veröffentlichten Buch *Invasion 1944. Ein Beitrag zu Rommels und des Reiches Schicksal* behauptete dessen früherer Stabschef Hans Speidel, sein Vorgesetzter habe vom Attentat am 20. Juli 1944 auf Hitler gewusst und es unterstützt. Wegen dieses Vorwurfs war Rommel ja im Oktober 1944 auf Befehl des Diktators zum Selbstmord gezwungen worden. Die Nazis ließen verlautbaren, Rommel sei bei einem Autounfall infolge einer Embolie gestorben. In Wahrheit hatte sich Rommel mit Zyankali-Kapseln das Leben genommen. Fortan galt Rommel nicht mehr nur als militärisches Genie, sondern auch als Widerstandskämpfer, als der »gute Deutsche«, der unter dem Hitler-Regime seine moralische Integrität gewahrt hatte. Rommel war nie Mitglied der NSDAP, galt aber als begeisterter Anhänger von Hitler und hat dessen Regime und Kriegspläne gestützt. Rommel war eine Reizfigur. Nicht nur in seiner Heimatstadt.

Es dauerte fünfzig Jahre, ehe im September 2011 die Stadt den Entschluss fasste, neben dem umstrittenen Rommel-Denkmal eine Tafel aufzustellen – auch um den Dauerstreit zu befrieden. Darauf war von »Tapferkeit und Heldenmut, Schuld und Verbrechen«, zu lesen, die im Krieg eng beieinander lägen. Das rief die Denkmalgegner erneut auf den Plan. Der Text sei nicht zeitgemäß und vermeide es, »sich mit der Komplexität der Person Rommels auseinanderzusetzen«, monierten sie. Wenige Wochen später verhüllten sie die Tafel mit einer schwarzen Plane. Darauf stand in weißen Großbuchstaben: »Kein Denkmal mehr für den Nazigeneral!« Der Befriedungsversuch war einmal mehr misslungen.

Zustimmung in der Rommel-Causa bekamen die Denkmalgegner von prominenter Seite. Peter Steinbach, wissenschaftlicher Leiter der »Gedenkstätte Deutscher Widerstand«, ließ verlauten, Rommel sei »verantwortlich für die Kriegsführung und auch für eine Kriegspraxis, die Menschenleben sinnlosen Befehlen opferte«. Und er sprach sich auch dagegen aus, dass Straßen und Kasernen seinen Namen tragen. Denn Benennungen verhinderten die Auseinandersetzung mit Lebensgeschichten und »tragen zur Heroisierung, zur Heldenverehrung bei«.

Rommel – der »doppelte General«? Genialer Wüstenheld und stiller Widerstandskämpfer? Tatsache ist: Dreizehn Straßen sind landesweit nach ihm benannt, auch zwei Kasernen – in Augustdorf (Nordrhein-Westfalen) und Dornstadt bei Ulm. Eine Umbenennung sei nicht vorgesehen, heißt es aus dem Bundesministerium der Verteidigung. Rommel habe verbrecherische Befehle missachtet und das vom NS-Regime geforderte ideologische Feindbild abgelehnt. Zudem rücke die Forschung ihn »zunehmend in die Nähe des Widerstandes« gegen Hitler. Damit sei er weiter »sinn- und traditionsstiftend«. So kann man auch bei schwerster Schuld noch glänzen, ganz so, als sei man Opfer seiner eigenen Täterschaft. Das entspricht der Färbung einer deutschen Nachkriegsgeschichtsschreibung, die selbst schlimmste Täterkarrieren oft in eine Widerstandsbiografie zweckdienlich umdeutete.

Das liest sich in einem Sachstandsbericht der Wissenschaftlichen Dienste des Bundestages zur Rommel-Debatte vom Februar 2019 gänzlich anders: Es bleibe festzustellen, »dass sich seine Rolle im Widerstand auch nach neuesten Forschungen rund um das Netzwerk des 20. Juli auf eine mögliche Mitwisserschaft beschränkt«, heißt es da. Dem Verteidigungsministerium scheine allein dies schon für eine »Traditionswürdigkeit« auszureichen. »Denn irgendein aktives widerständisches Verhalten konnte für Rommel bis heute von der historischen Forschung nicht belegt werden.«

Wohin also mit dem Rommel-Denkmal? Wohin mit dem Werk des Bildhauers Franklin Pühn, der den Stein – gestiftet vom »Verein deutsches Afrikakorps« – 1961 geschaffen hatte? Erst 2014 zeigte sich der Gemeinderat offen für die Idee, dem Gedenkstein ein zeitgemäßes Mahnmal entgegenzusetzen. Eine Umgestaltung sollte die jahrzehntelange Debatte um den General nun endgültig beenden. Ein engagiertes Unterfangen.

Der Vorschlag, das Denkmal abzureißen, fand keine Mehrheit. So suchte man nach einem befriedenden Kompromiss – und fand ihn. Der heimische Künstler Rainer Jooß ging ans Werk. Er hat den Gedenkstein unangetastet gelassen, ihm aber ein Gegendenkmal entgegengesetzt und damit einen neuen Kontext hergestellt. Dem klobigen Denkmal hat er eine fragile Stahlstatue eines Minenopfers gegenübergestellt. Ein Verweis darauf, dass Rommels Soldaten vor ihrem Abzug große Minenfelder hinterließen, die vielen Menschen Verletzung und Tod brachten. Jooß hat seine Skulptur so platziert, dass zeitweise Schlagschatten auf das Denkmal fällt, auf dem noch immer zu lesen ist: »Erwin Rommel – Aufrecht, ritterlich und tapfer bis zu seinem Tode als Opfer der Gewaltherrschaft«.

Ein irritierender Satz. Rommel war nicht Opfer. Er war Täter. Hitler führte in Nordafrika einen völkerrechtswidrigen Angriffskrieg, und sein General Rommel stand dabei an vorderster Front. Angemessen wäre die Inschrift: »Er war General eines völkerrechtswidrigen Angriffskriegs. Ein General Hitlers, der Schmerz und Tod in die Welt brachte«.

Heidenheim ist kein solitärer Ort. In fast jeder deutschen Kleinstadt gibt es Kriegsdenkmäler, insgesamt sollen es mehr als einhunderttausend sein. In zahlreichen Städten und Gemeinden werden Wegbereiter und Parteigänger der Nationalsozialisten von Straßenschildern verbannt und NS-kontaminierte Denkmäler mit kritischen Erläuterungstafeln versehen. So wird es im südhessischen Darmstadt statt einer Hindenburg-Straße künftig eine Fritz-Bauer-Straße geben. Eine späte Würdigung des Mannes, der als Hessischer Generalsstaatsanwalt dafür sorgte, dass der erste Auschwitz-Prozess stattfand. Weitere Umbenennungen sollen folgen. Nicht nur in Darmstadt.

Bleibt noch ein Nachtrag: Nur wenige Kilometer von Heidenheim, im nahen Königsbronn, wuchs Georg Elser auf. Der Schreinergeselle, der im November 1939 Hitler während dessen Rede im Münchner Bürgerbräukeller mit einer selbstgebastelten Bombe aus dem Leben befördern wollte. Sein Anschlag misslang. Elser wurde verhaftet, lange Jahre inhaftiert, schließlich kurz vor Kriegsende im KZ Dachau ermordet. Lange Zeit wurde er, anders als Hitlers General Rommel, in seiner Heimat ignoriert. Heute werden seine Person und seine Tat gewürdigt. Eine Schule trägt seinen Namen. Elser ist der wahre Antagonist Rommels.

Du, der Name Rommel? Der Mann, der für Hitlers Wahnideen im Afrika Eroberungskriege führte. Nein, keine Straße, kein Platz, keine Schule ist nach ihm benannt. Doch in einer Buchhandlung der Stadt stößt man auf eine seitenstarke Biografie über Hitlers »Wüstenfuchs«. Titel: *Mythos Rommel*. Das Buch, sagt die Buchhändlerin, werde gut verkauft.

(Dezember, 2022)

Der posthume Demokrat

Jährlich am Verfassungstag des Landes Hessen, dem 1. Dezember, wird im Rahmen eines Festakts die Wilhelm-Leuschner-Medaille verliehen. Wer sie bekommt, darüber entscheidet der Hessische Ministerpräsident. Die Auszeichnung ist nach Wilhelm Leuschner (1890 – 1944) benannt, dem früheren hessischen Innenminister. Er zählt zu den bekanntesten Persönlichkeiten des deutschen Widerstandes gegen den Nationalsozialismus. Schon in den 1930er-Jahren trug Leuschner maßgeblich dazu bei, den Widerstand zu organisieren. Im Anschluss an das gescheiterte Attentat auf Hitler am 20. Juli 1944 wurde Leuschner zum Tode verurteilt und am 29. September 1944 in Berlin-Plötzensee hingerichtet. Zum seinem 20. Todestag am 29. September 1964 verlieh der damalige hessische Ministerpräsident Georg August Zinn (SPD) erstmals die nach Wilhelm Leuschner benannte Medaille. Seither wird Jahr für Jahr eine Persönlichkeit ausgezeichnet, »die sich aus dem Geist Wilhelm Leuschners hervorragende Verdienste um die demokratische Gesellschaft und ihre Einrichtungen erworben hat«.

Wer einen Blick auf die lange Geehrten-Liste wirft, findet ehrenwerte Namen aus allen gesellschaftlichen Bereichen, freilich auch einige, deren demokratische Verdienste nicht unumstritten sind. Beispielsweise Roland Koch, ehemals CDU-Ministerpräsident in Hessen, der einst mit einer schäbigen Kampagne gegen junge Ausländer Stimmung im Wahlkampf machte, was ihm zwar wenig nutzte, doch vielen als populistisches Schurkenstück im Gedächtnis blieb. Und war Koch nicht auch Vorsitzender einer christdemokratischen Schwarze-Kassen-Partei, die Zuwendungen im Millionenbereich, die in Wirklichkeit aus schwarzen Auslandskonten der CDU stammten, als »Vermächtnisse von Juden aus Europa« umetikettieren wollte? Als die dreiste Legende im Spendensumpf versank, inszenierte sich der CDU-Mann als »brutalstmöglicher Aufklärer«. Eine demokratieverachtende Posse.

Zur Causa Koch hätte Fritz Bauer ganz bestimmt eine Meinung gehabt. Sein Name findet sich seit Ende letzten Jahres ebenfalls auf der Preisträgerliste. Hessens aktueller Ministerpräsident Boris Rhein hat den ehemaligen hessischen Generalstaatsanwalt posthum geehrt. Der forsche CDU-Politiker lobte den 1968 verstorbenen Bauer als einen »Kämpfer für Humanität und Demokratie mit Hingabe, Ausdauer und Leidenschaft für eine freie Gesellschaft«. Eine überfällige Anerkennung – doch mit schalem Beigeschmack. Es war Rheins Partei, die Bauer viele Jahre lang das Leben schwer gemacht, ihn geschmäht und bekämpft hat.

Fritz Bauer, ein Sozialdemokrat jüdischer Herkunft, gehörte zu den wenigen unbelasteten Juristen, die in der jungen Bundesrepublik eine Führungsposition einnahmen. Nichts hasste er mehr als die gängigen Verteidigungs- und Verharmlosungsformeln der Nazivergangenheit. Bauer war der personifizierte Gegenpart der konservativen Adenauer-Juristen, die nur wenig Neigung zeigten, ehemalige NS-Täter zur Verantwortung zu ziehen, zumal dort bekanntlich eine besonders starke personelle Kontinuität zur NS-Zeit gegeben war. Die Bereitschaft, in NS-Strafsachen zu ermitteln und zu handeln, ging nahezu gegen null. Damit war Bauer nicht einverstanden. Er erkannte klarsichtig, dass der NS-Staat kein Betriebsunfall der Geschichte war und wies auf die geschichtlich gewachsenen Strukturen und Mentalitäten hin, die den NS-Verbrechen so sehr entgegenkamen und die aufzubrechen mehr erfordern würde als Gerichtsprozesse. Er setzte die Aufhebung der Verjährungsfrist für NS-Morde durch; ohne ihn hätte es 1963 den großen Auschwitz-Prozess nicht gegeben. Damit handelte er sich nicht nur den Zorn konservativer Kreise ein. Bauer wurde gemieden, verunglimpft und bedroht. In der Nachkriegsjustiz galt er vielen als Ketzer. In der hessischen CDU, in der Hardliner wie Alfred Dregger und Manfred Kanther jahrzehntelang das politische Weltbild vorgaben, galt Bauer beinahe schon als Staatsfeind.

Die Schmähungen steigerten sich, nachdem es ihm gegen starke Widerstände gelungen war, die Frankfurter Auschwitz-Prozesse gegen einstige Bewacher des Vernichtungslagers tatsächlich in Gang zu bringen. Die Prozesse erfüllten in ihrer Durchführung und in ihren Ergebnissen ein tieferes Anliegen Bauers:

»Wenn etwas befohlen wird, sei es Gesetz oder Befehl, was rechtswidrig ist, was also im Widerspruch steht mit den Zehn Geboten, dann musst Du ›Nein‹ sagen! Es bedarf Mut und Courage in jeder Richtung gegenüber dem äußeren Feind. Man hat völlig übersehen, dass die Zivilcourage, der Mut vor dem Feind im eigenen Volk, genauso groß, wahrscheinlich größer ist – und nicht weniger verlangt wird. Dass es ehrenhaft ist, dass es Pflicht des Einzelnen ist, auch in seinem eigenen Staat für das Recht zu sorgen. Und deswegen ist das A und O dieser Prozesse zu sagen: Ihr hättet ›Nein‹ sagen müssen!«

Bauer zwang die Deutschen zum Hinsehen. Ein Volk, das sich mühte, zu vergessen, was es verschwieg: seine Bereitschaft zur Teilnahme an einem System der Barbarei. Aus der Politik gab es keine zwingenden Gesetzesvorgaben. Unter diesem Eindruck zeigte vor allem die Justiz nur wenig Neigung, ehemalige NS-Täter zur Verantwortung zu ziehen. Die Nichtverfolgung von NS-Verbrechen: eine skandalöse, jahrzehntelange Verweigerung von Strafverfolgung, eine konsequente Strafvereitelung im Amt. Bauer wollte sich damit nicht abfinden.

Geboren 1903 in Stuttgart, war Bauer einer der wenigen Unbelasteten im Justizapparat der BRD. 1930 wird er mit 26 Jahren jüngster Amtsrichter Deutschlands. 1933 kommt er nach der Machtübernahme der Nazis in Haft. 1936 flieht er nach Dänemark, später nach Schweden. Mit Willy Brandt gründet er dort eine Exil-Zeitschrift. 1949 kehrt Bauer zurück, um ein demokratisches Justizwesen mitaufzubauen. Er wird Generalstaatsanwalt in Niedersachsen, 1956 holt ihn Hessens Regierungschef August Zinn in dieser Funktion nach Frankfurt. Hier lässt er von seinen Mitarbeitern über tausend Zeugen vernehmen und bereitet den Auschwitz-Prozess gegen die SS-Wachmannschaften vor. Als oberster Staatsanwalt in Hessen hat er das Verfahren bundesweit an sich gezogen – gegen alle Widerstände. Er muss sich mit Richtern und Staatsanwälten aus der Nazizeit herumschlagen, die nach 1945 weiter im Staatsdienst blieben und oft seine Arbeit sabotieren. »Wenn ich mein Büro verlasse, betrete ich feindliches Ausland«, beschrieb er seine Lage später einmal in einem Fernseh-Interview.

Dass Fritz Bauer schon früh die Rolle eines Außenseiters hat, zeichnet sich bereits im September 1949 ab, als Bundeskanzler Adenauer in seiner ersten Regierungserklärung sagt, man soll in Deutschland »Vergangenes vergangen sein lassen« und damit auch eine Amnestie für NS-Täter meint. Adenauers Politik hatte den Aufbau demokratischer Institutionen und eine Demokratisierung der Gesellschaft durch stillschweigende Integration der ehemaligen Anhänger, Mitläufer und auch der Täter des Nationalsozialismus zum Ziel. Nicht nur im konservativen Juristenmilieu galt der hessische Generalstaatsanwalt als Störenfried, als eine umstrittene, ja verhasste Figur. Politisch ist der furchtlose Jurist Bauer weiterhin enormen Widerständen ausgesetzt. Vor allem die CDU bringt sich gegen ihn in Stellung.

Im Oktober 1960 hält Fritz Bauer im Rahmen einer vom Landesjugendring Rheinland-Pfalz veranstalteten Tagung einen Vortrag über die »Wurzeln faschistischen und nationalsozialistischen Handelns«, in dem er sich mit den sozialen Ursachen des Nationalsozialismus beschäftigt. Bauer geht der Frage nach, wodurch es möglich geworden war, dass Menschen andere Menschen ausgrenzten, verfolgten und ermordeten. Ein Vorschlag des rheinland-pfälzischen Landesjugendrings, den Text Oberstufengymnasien und Berufsschulen als Broschüre zur Verfügung zu stellen, wird vom Kultusministerium des Bundeslandes abgelehnt. Kultusminister Eduard Orth (CDU) verteidigt seine Entscheidung mit der Begründung, Bauers Text produziere »Fehlurteile« über die deutsche Geschichte. Die Ablehnung wird 1962 auch von einem jungen ehrgeizigen CDU-Abgeordneten begrüßt, der moniert, der zeitliche Abstand vom Nationalsozialismus sei zu gering, um sich darüber ein abschließendes Urteil bilden zu können. Sein Name: Helmut Kohl.

Im hessischen Landtag fordern Abgeordnete der CDU im April 1963 gar Bauers Ablösung als Generalsstaatsanwalt, weil er im Ausland schlecht über Deutschland rede. Einige machen ihm sogar seinen Status als NS-Verfolgter und Emigrant zum Vorwurf, weil er dadurch befangen und unsachlich sei. Eine perfide, abstruse Argumentation. Mitte der 1960er-Jahre trübt sich Bauers Stimmung immer mehr ein. Wegen seiner jüdischen Herkunft und seiner Kritik an den alten Naziseilschaften erhält er Schmähbriefe und Morddrohungen. An zwei seiner Freunde schreibt er: »Die Strafanzeigen hageln, alles ist gegen mich verschworen.« Bauer kämpft einen mühsamen, einsamen Kampf: Gegen das Verdrängen und Vergessen, gegen Ignoranz und Gleichgültigkeit.

Neben seinem Engagement für die Aufarbeitung der NS-Zeit ist er einer der bedeutendsten Vorkämpfer für Strafrechts- und Strafvollzugsreformen und Resozialisierung. An den Gebäuden der Landgerichte Braunschweig und Frankfurt wird auf sein Betreiben als Inschrift der Anfang des Grundgesetzes »Die Würde des Menschen ist unantastbar« angebracht.

Es dauert länger, mehr als ein halbes Jahrhundert, bis die Partei, die ihn einst als Gegner geschmäht und bekämpft hat, ihn im Dezember 2022 als demokratischen Aufklärer würdigt. Eine »Schlüsselfigur der jungen deutschen Demokratie« nennt CDU-Ministerpräsident Rhein nun Bauer bei der Verleihung auf dem Campus Westend der Frankfurter Goethe-Universität. »Ohne Fritz Bauer wäre unsere Geschichtsaufarbeitung nicht die, die sie heute ist.« Eine späte, eine überfällige Rehabilitierung.

Wir wissen nicht, wie Fritz Bauer auf diese späte Form der Wiedergutmachung reagiert hätte. Vielleicht hätte er die Annahme der Medaille verweigert und dem Ministerpräsidenten stattdessen vorgeschlagen, couragierte Menschen der Gegenwart auszuzeichnen, die sich in Hessen etwa bei der Aufklärung des Skandals um den »NSU 2.0« verdient gemacht und dabei einen hohen Preis gezahlt haben. Es hätte zu ihm gepasst.

Nun also steht sein Name auf der langen Liste der Preisträger. Und es gibt nicht wenige, die dem CDU-Chef unterstellen, die posthume Auszeichnung Bauers sei ein ganz und gar eigennütziger Coup, sich als überparteilicher Erneuerer und Versöhner zu inszenieren. Im Oktober wird in Hessen gewählt. Freundlichere Stimmen verweisen darauf, die Preisträgerwahl konterkariere die jahrzehntelange brüchige Erzählung, Bauer sei ein Antidemokrat gewesen. Das immerhin verdiene Rheins Respekt.

Apropos Preisträger: 2015 bekam die Medaille Heinz Riesenhuber, der unter Helmut Kohl Bundesforschungsminister war und Fritz Bauer einmal persönlich begegnet ist. Die beiden hatten in den 1960er-Jahren einen gemeinsamen TV-Auftritt in der HR-Talkshow »Kellerclub«, wo Bauer mit Studierenden über den Umgang mit NS-Verbrechern diskutierte. Der junge Heinz Riesenhuber, damals in der Jungen Union, hat Bauer entgegengehalten, dass doch zum Teil auch einfach nur brave Bürger auf bestimmte Posten gestellt worden seien und diese ausgefüllt hätten. Das hat Fritz Bauer sprachlos gemacht. Es ist genau die rechtfertigende Denkweise, gegen die er zeit seines Lebens gekämpft hat. In der Nacht zum 1. Juli 1968 wird Fritz Bauer tot in der Badewanne seiner Frankfurter Wohnung aufgefunden. Beigesetzt wird er in Göteborg im Grab seiner Eltern.

(Juli, 2023)

Dienstbetrieb trotz Endkampf

Der Rechtshistoriker Benjamin Lahusen hat ein erhellendes, kluges Buch geschrieben (*Der Dienstbetrieb ist nicht gestört*, C.H. Beck), in dem er die unheimlichen Kontinuitäten der deutschen Justiz zwischen 1943 und 1948 dokumentiert und analysiert, als das »Tausendjährige Reich« bereits in Trümmern lag und Partei, Staat und Volksgemeinschaft dennoch alles taten, im großen Zusammenbruch auf dem kleinen »Normalen« zu beharren. Und so liefen – kaum beirrt von Bombenkrieg, Kapitulation und alliierter Besatzung – Gerichtsverfahren vor und nach 1945 einfach weiter, mit denselben Akteuren, nach den gleichen Regeln. Gesetz ist Gesetz. Ganz normaler Alltag im Reich des deutschen Rechts. Ob Nachbarschaftsstreits um die Kehrwoche, kleiner Diebstahl, oder Herrenbesuch – der juristische Dienstbetrieb musste aufrechterhalten, ein Stillstand der Rechtspflege unter allen Umständen vermieden werden. Deutsche Juristen verrichteten ihre Arbeit, als wäre nichts passiert. Beispielsweise in Stuttgart, im September 1944: Das Justizgebäude wurde durch neun Sprengbomben und zahlreiche Brandbomben weitgehend zerstört. Stolz meldet der Generalstaatsanwalt, dass bereits am nächsten Morgen »noch in den Rauchschwaden ... eine Reihe von Strafverhandlungen durchgeführt« wurden. Auch andernorts wird der Dienstbetrieb in teils noch brennenden Gebäuden aufrechterhalten, selbst unter Artilleriebeschuss. Der Autor hat sich die Akten zahlreicher

Gerichte – darunter des Amtsgerichts Auschwitz – aus den Jahren vor und nach 1945 angesehen und beschreibt collageartig, wie weder »Endkampf« noch staatlicher Zusammenbruch den juristischen Dienstbetrieb unterbrechen konnten. Trotz »totalen Kriegs« blieb im Grunde alles beim Alten. Durchhalten bis zum Schluss. Auf das toxische Gebräu aus Pflichterfüllung, Gehorsam, Opportunismus und Feigheit des Personals war weiterhin Verlass. Bis zum düsteren Ende.

Schuld. Schutt und Scham? Mai 1945: Aus einem Volk von Jublern war ein Volk von Stummen geworden. Wer war Täter, wer nur Mitläufer? Ein Volk, das sich als Verlierer fühlte, aber nicht unbedingt als schuldig. Gab es nicht »anständige« und »unanständige« Nazis? Auch die Juristen wollten die große Selbstreinigung, die »Entnazifizierung« in Eigenregie organisieren. Lahusens Buch zeigt klar, dass von einem Justitium oder einer »Stunde null« in Bezug auf die deutsche Justiz nicht die Rede sein kann. In der Justizgeschichte wird das Schema des Vorher-Nachher gerne bemüht. Auf der einen Seite die Auswüchse der NS-Justiz – Volksgerichtshof, Sondergerichte, Militärgerichte, Standgerichte – auf der anderen Seite die aufrechten, unbelasteten Juristen, die nun in der deutschen Ruinenlandschaft für den Aufbau einer rechtsstaatlichen Justiz sorgten. Eine der Legenden der Nachkriegszeit. Eine Lebenslüge, die in der Nachkriegszeit gern bemüht wurde und noch heute konserviert wird. Eine »Stunde null« aber hat es in der deutschen Justiz nach 1945 nie gegeben.

Vor Jahren habe ich über den Volksgerichtshof und dessen fanatisch mordenden Präsidenten Freisler ein Buch veröffentlicht (*Der Hinrichter*, Nomen Verlag), darin geht es auch über die NS-kontaminierte Justiz nach 1945, über die geübte Anpassungsfähigkeit vormaliger NS-Juristen, die nun mit den »Entsorgungsarbeiten« der eigenen Vergangenheit betraut wurden und sich dabei redlich bemühten, dass kein Kollege brotlos wurde. Wem die Unbedenklichkeit bescheinigt wurde, der zählte nicht länger als belastet. Wer unter Hitler grausame Strafen und Todesurteile ausgesprochen hatte, der musste nicht unbedingt ein Nationalsozialist gewesen sein. Waren sie nicht lediglich Vollstreckungsbeamte, die geltendes Gesetz angewandt hatten? Und Treue zum Gesetz konnte doch wohl niemanden zum Kriminellen machen? Diese Logik sollte in den nächsten Jahren zur eisernen Rechtsüberzeugung werden, wann immer – selten genug – die Rolle der NS-Justiz zu verhandeln sein sollte. Die Formel von der bloßen Pflichterfüllung kursierte unter den ehemaligen NS-Juristen, häufig mit dem Hinweis, damit Schlimmeres verhindert zu haben. Eine Rechtfertigung, die bereits im Nürnberger »Juristenprozess« nicht ohne Erfolg strapaziert worden war.

Im dritten von insgesamt zwölf Prozessen, die von den Amerikanern im Lauf des Tribunals gegen die Hauptkriegsverbrecher durchgeführt wurden, hatten sich am 17. Februar 1947 sechzehn deutsche Juristen wegen Kriegsverbrechen, Verbrechen gegen die Menschlichkeit und Organisationsverbrechen zu verantworten. Die Juristen, für die Anklagevertreter »die Verkörperung dessen, was im Dritten Reich als Justiz angesehen wurde«, standen stellvertretend für die gesamte deutsche Justiz vor Gericht. Freilich, die exponiertesten Vertreter waren ohnehin nicht mehr zur Verantwortung zu ziehen: Reichsjustizminister Gürtner war bereits 1941 gestorben, sein Nachfolger Thierack hatte nach Kriegsende in einem englischen Straflager Selbstmord begangen, ebenfalls Reichsgerichtspräsident Bumke nach dem Einmarsch der US-Armee in Leipzig. Nun waren also sechzehn prominente Repräsentanten der Justiz angeklagt worden, für die man hinreichendes Beweismaterial hatte herbeischaffen können. Für das Reichsjustizministerium standen der ehemalige Staatssekretär und zeitweilige kommissarische Justizminister Dr. Franz Schlegelberger, der ranghöchste Angeklagte, sowie die beiden Staatssekretäre Curt Rothenberger und Ernst Klemm vor Gericht, außerdem der Generalstaatsanwalt Joël und weitere drei Ministerialdirigenten. Zwei Angeklagte schieden wegen Haftunfähigkeit oder aufgrund von Selbstmord vorzeitig aus dem Verfahren aus. Für den Bereich der Staatsanwaltschaft hatten sich der frühere Oberreichsanwalt beim Volksgerichtshof, Ernst Lautz, und Reichsanwalt Paul Barnickel zu verantworten, für die Sondergerichte drei Vorsitzende aus Nürnberg und Stuttgart, für den Volksgerichtshof schließlich der Präsident des Vierten Senats Günther Nebelung sowie ein Laienrichter.

Sie alle waren exemplarische Justiztäter. Es ging in diesem Prozess ohnehin weniger darum, Einzeltaten nachzuweisen – die gleichwohl ausführlich zur Sprache kamen –, sondern darum, zu zeigen, dass die Justiz bis zuletzt Teil und Komplize des nationalsozialistischen Terrorsystems gewesen war. Hauptanklagepunkte waren die »Justizmorde und andere Gräueltaten, die sie dadurch begingen, dass sie Recht und Gerechtigkeit in Deutschland zerstörten und dann in leeren Hüllen der Rechtsformen zur Verfolgung, Versklavung und Ausrottung von Menschen in einem Riesenausmaß benützten«, wie es die Anklagevertretung formulierte.

Die Beweisaufnahme fiel für die deutsche Justiz ebenso vernichtend aus wie für die einzelnen Angeklagten. Hier standen nicht allein fanatische Nationalsozialisten wie Freisler oder Thierack, sondern vielmehr exemplarische Vertreter des konservativen Juristenstandes vor Gericht, aber gerade diese Tatsache offenbarte die tiefe Verstrickung der Justiz mit dem braunen Terror-Regime. Sie entpuppten sich als Prototypen willfähriger Juristen, ohne die die nationalsozialistischen Machthaber nicht überlebensfähig gewesen wären.

Insgesamt wurden 138 Zeugen gehört, über 2.000 Beweisanträge geprüft. Nach zehnmonatiger Prozessdauer – nachdem sich das Gericht ausgiebig mit den vielfältigen Untaten der Justiz beschäftigt hatte, den »Nacht-und-Nebel-Erlassen«, der Polenstrafrechtsverordnung, der Kooperation zwischen Justiz und SS sowie Gestapo – zog die Anklagevertretung schließlich das Fazit:

»Die Angeklagten sind solch unermesslicher Verbrechen beschuldigt, dass bloße Einzelfälle von Verbrechenstatbeständen im Vergleich dazu unbedeutend erscheinen. Die Beschuldigung, kurz gesagt, ist die der bewussten Teilnahme an einem über das ganze Land verbreiteten und von der Regierung organisierten System der Grausamkeit und Ungerechtigkeit unter Verletzung der Kriegsrechte und der Gesetze der Menschlichkeit, begangen im Namen des Rechts und unter der Autorität des Justizministeriums mit Hilfe der Gerichte. Der Dolch des Mörders war unter der Robe des Juristen verborgen.«

Schlegelberger, den das Gericht eine »tragische Figur« nannte, hatte sich – wie auch die anderen Angeklagten – damit zu rechtfertigen versucht, er sei nur auf dem Posten geblieben, um Schlimmeres zu verhindern. Dies war jene absurde Rechtfertigungsthese, zu der in den nächsten Jahren noch viele NS-Täter greifen sollten.

Am 3. und 4. Dezember 1947 wurden die Urteile verkündet: Schlegelberger, Klemm und zwei weitere Angeklagte wurden zu lebenslanger Haft verurteilt, die anderen Angeklagten erhielten Freiheitsstrafen zwischen fünf und zehn Jahren. Milde Urteile für Schreibtischtäter und exemplarische Mörder in Roben – ohnehin mit geringem Interesse am Vollzug: Beinahe alle Verurteilten wurden vorzeitig aus der Haft entlassen. Schlegelberger sollte ebenfalls bereits 1951 wieder ein freier Mann sein.

Auch wenn der Nürnberger Juristenprozess einer der wenigen, vielleicht sogar der ernsthafteste Versuch war, das Justizsystem des Dritten Reiches zu erhellen und zu brandmarken, so war die strafrechtliche Ahndung des Unrechts der NS-Justiz gescheitert. Mehr noch: Das Verfahren hatte keinerlei reinigende Wirkung auf die deutsche Juristenzunft. Im Gegenteil. Viele sahen in Nürnberg eine »Sieger- und Vergeltungsjustiz« am Werk und solidarisierten sich mit den Kollegen. Hatten sie denn nicht alle nur ihre Pflicht erfüllt? Die meisten dachten wie ihr Kollege, der Ex-Marinerichter und spätere Ministerpräsident Hans Karl Filbinger, der später einmal aussprach, was alle ehemaligen NS-Juristen schon frühzeitig für sich reklamierten: »Was damals rechtens war, kann heute nicht Unrecht sein.«

Ein schlechtes Gewissen wegen ihrer Komplizenschaft in der Nazizeit konnten die Juristen so kaum entwickeln. Die Verantwortung für das, was geschehen war, bürdeten sie der politischen Führung auf. Bereits 1947 lieferte der Strafrechtsprofessor Eberhard Schmidt – einer der großen juristischen Lehrer der Nachkriegszeit – auf dem Juristentag die dazu passende Entschuldigungsformel:

»Nicht die Justiz, sondern ganz allein der Gesetzgeber hatte die Fahne des Rechts verlassen. Und mit der Verantwortung für die Folgen dürfen heute weder Rechtslehre noch Justiz beladen werden, da diese ganz allein den um jeden rechtlichen Halt gekommenen Gesetzgeber trifft.«

Neu waren diese Töne nicht. Wie seinerzeit die Weimarer Richter, die nicht der Republik, sondern dem »Staat« gedient hatten, so fühlten sich auch die ehemaligen Richter des Dritten Reiches nun nicht mehr als NS-Komplizen, nein, sie hatten angeblich allein der »Staatsidee« gedient. Dabei war keineswegs zu leugnen, dass die meisten Richter Mitglied der NSDAP gewesen waren oder aber dem NSRB, dem Nationalsozialistischen Rechtswahrerbund, angehört hatten. Doch die Entnazifizierung hatte längst nicht mehr Vorrang, und ein »einfacher« Parteigenosse gewesen zu sein, galt nicht mehr als Makel.

Hatte man überhaupt eine andere Chance? Wollte nicht jeder letztlich nur in Ruhe seine richterliche Laufbahn unbehindert absolvieren? Hatte man nicht allein seine Pflicht getan, als Richter, Staatsanwalt, Justizbeamter? Einem Richter, der behauptet, er habe nur die Staatsräson im Auge gehabt, konnte nichts geschehen. Oder anders ausgedrückt: Ein überzeugter Nazi konnte nach dieser Argumentation durchaus eine edle Gesinnung haben.

Selbst NS-Juristen, die sich im Hitler-Deutschland besonders eifrig hervortaten, mussten um ihre Nachkriegskarriere nicht bangen. Tausende von belasteten Richtern wurden also nicht nur verschont, sie durften wieder amtieren. So kehrten sie rasch an die Richtertische zurück, besetzten die Stühle als Landgerichts- und Oberlandesgerichtspräsidenten, fanden Unterschlupf in den Justizministerien. Von dieser Richtergeneration war kaum ein Beitrag zur Vergangenheitsbewältigung zu erwarten. Verständlich: Zahlreiche Richter hatten zuvor dem braunen Terror-Regime gedient und hätten erst einmal selbst entnazifiziert werden müssen. Doch keine Krähe hackt der anderen ein Auge aus.

Das Dilemma aus den Anfängen der Weimarer Republik wiederholte sich, als man glaubte, die alten Köpfe seien notwendig, um eine funktionierende Verwaltung und Justiz aufzubauen. Auch jetzt gab es keinen politischen Neubeginn.

Am 8. Oktober 1950 erinnerte selbst ein Mann wie Thomas Dehler, unter den Nazis wegen seiner Rasse aus dem Staatsdienst entlassen und nun liberaler Justizminister im Adenauer-Kabinett, bei der Einweihung des neuen obersten deutschen Gerichts, des Bundesgerichtshofs, in seiner Rede »an die ausgezeichneten Leistungen des Reichsgerichts« und wünschte sich, »dass der Geist dieses Gerichts auch die Arbeit des Bundesgerichtshofs durchwaltet«. Folgerichtig schrieb dessen Ministerialrat Dr. Georg Petersen in der Festschrift, es sei das Ziel der Bundesregierung, »frühere Mitglieder des Reichsgerichts, denen seine Tradition bekannt ist, in den Bundesgerichtshof zu berufen«.

Sowohl die institutionelle wie auch die personelle Kontinuität war damit gesichert. Im Bonner Justizministerium agierten Juristen, die schon dem NS-Regime willfährig gedient hatten: Da war Dr. Josef Schafheutle, ein Mann, der bereits 1933 im Reichsjustizministerium mit dem politischen Sonderstrafrecht beschäftigt und somit einer der emsigsten Zuarbeiter Freislers war; da gab es einen Dr. Ernst Kanter, einst Richter beim Reichskriegsgericht, ehe er 1943 Militärrichter in Dänemark wurde und dort an Todesurteilen beteiligt war. Seiner Nachkriegskarriere war diese Tatsache keineswegs hinderlich: 1958 wurde Kanter Präsident des 3. Strafsenats des Bundesgerichtshofs.

Aber warum sollte für das Justizministerium nicht dasselbe gelten wie für andere Ministerien? Beispielsweise das Auswärtige Amt, wo beinahe zwei Drittel der Beschäftigten ehemalige Nationalsozialisten waren und nun die Auslandspolitik der Deutschen besorgten.

Adenauer beschwichtigte Kritiker mit dem Argument, man könne »ein Auswärtiges Amt nicht aufbauen, wenn man nicht wenigstens an den leitenden Stellen Leute hat, die von der Geschichte etwas verstehen«. Beispielsweise Leute wie sein Kanzleramtssekretär Dr. Hans Globke, der nicht nur an der Ausarbeitung des »Blutschutzgesetzes« und des »Erbgesundheitsgesetzes« von 1935 beteiligt war, und sich auch als Kommentator der Rassengesetze hervorgetan hatte. Als Rassenschande-Experte hatte er 1942 an der Wannseekonferenz über die »Endlösung« der Judenfrage teilgenommen. Seiner Nazikarriere folgte nun eine Nachkriegskarriere.

Die Adenauer-Republik machte Unzähligen die Kontinuität ihrer zweifelhaften Laufbahnen möglich. Beispielsweise

Dr. Friedrich Karl Vialon, einem Mann, der im Reichskommissariat Ostland die Ausplünderung und Versklavung der Juden geleitet hatte. Auch er brachte es zum Staatssekretär, erst im Bundesfinanzministerium und später im Bundeskanzleramt. Oder Dr. Heinz Paul Baldus, der in der Rechtsabteilung der Kanzlei des Führers gewissenhaft »seine Pflicht« erfüllt hat. Auch für ihn fand sich höchstrichterliche Verwendung: als Senatspräsident am Bundesgerichtshof. Und ein weiterer Mann mit Vergangenheit hatte es zu einem der ranghöchsten bundesdeutschen Juristen gebracht: Wolfgang Fränkel. Einst hatte er bei der Reichsanwaltschaft als unbarmherziger NS-Jurist dafür gesorgt, dass Urteile gegen Juden, Polen, Tschechen und Franzosen verschärft wurden. Seiner Nachkriegskarriere hatte das keineswegs geschadet: 1962 wurde er zum Generalbundesanwalt ernannt. Der Gedanke, aufgrund seiner Mitwirkung an der NS-Justiz aus Gründen politisch-moralischer Glaubwürdigkeit auf das Amt zu verzichten, kam Fränkel nicht.

Wie auch? Nach seiner Ernennung präsentierte er sich gegenüber der Presse als überzeugter Gegner jeglicher Diktatur. Widerspruch regte sich kaum. Zwar hatten DDR-Behörden – wie so häufig – auch im Falle Fränkel unanfechtbares dokumentarisches Material zu dessen NS-Laufbahn vorgelegt, doch wenn es um Aufarbeitung der Vergangenheit ging, nahm man von den DDR-Gerichten nicht gern Hilfe in Anspruch. Der »kalte Krieg« bot so den besten Schutz für die Täter von einst.

Freilich: Eine Vorbildfunktion in Sachen »Vergangenheitsbewältigung« konnte die DDR-Justiz für demokratisch gesinnte Westjuristen nicht sein. Schließlich hatte es 1950 die »Waldheimer Prozesse« gegeben. Schnellverfahren, in dem im Stile der NS-Justiz zahlreiche Todesurteile gegen ehemalige Nationalsozialisten gefällt worden waren. Den Angeklagten wurden die elementarsten Rechte verweigert: Es gab weder eine Beweisaufnahme noch eine Verteidigung. Entlastungszeugen wurden nicht gehört, die Öffentlichkeit war in nur wenigen Schauprozessen zugelassen. Die meisten Waldheim-Angeklagten waren eher NS-Mitläufer als Täter. Doch dies interessierte die neuen DDR-Staatsanwälte und -Richter nicht. Die häufigsten Vorwürfe lauteten auf »Verbrechen gegen die Menschlichkeit« und »wesentliche Förderung« des Hitler-Regimes. Die Angeklagten wurden meist zu Zuchthausstrafen von zehn Jahren und mehr verurteilt, 24 Todesurteile wurden in der Nacht vom 3. auf den 4. November 1950 vollstreckt.

Aber nicht nur in den »Waldheimer-Prozessen« hatte die »Sozialistische Einheitspartei Deutschlands« (SED) Regie geführt und die Justiz als verlängerten Machtapparat instrumentalisiert. Was sich in den Gerichtssälen des jungen »Arbeiter- und Bauernstaates« abspielte, waren – und keineswegs nur in politischen Straftaten – häufig stalinistische Schauprozesse, die jeglicher Rechtsstaatlichkeit entbehrten. Die Angeklagten hatten kaum Rechte, eine freie Anwaltschaft gab es nicht, Staatsanwälte benutzten den Gerichtssaal als ideologische Tribüne, die Richter ließen sich von Partei und Staatssicherheit die Urteile vorbereiten und vorgeben. Mit einer unabhängigen Justiz hatte dies nichts zu tun.

»Die Strafjustiz sei eine politische Tat«, propagierte Hilde Benjamin, gnadenlose Richterin in zahllosen Schauprozessen. Mit Dr. Ernst Melzheimer, Erster Generalstaatsanwalt der DDR (der als Kammergerichtsrat bereits der NS-Justiz gute Dienste geleistet hatte), gehörte sie zu den besonders fanatischen Vollstreckern der SED-Dogmen. Angeklagte schrie und brüllte sie nieder – nicht anders, als Jahre zuvor mit Angeklagten vor dem Volksgerichtshof verfahren wurde. Hilde Benjamin empfahl sich mit ihren Terror-Urteilen für größere Aufgaben: Sie wurde (bis 1967) DDR-Justizministerin.

Diese DDR-Justiz konnte also weder Vorbild noch Partner für die westdeutsche Justiz sein. Ein Glück für viele ehemalige NS-Täter, deren Akten in der DDR lagerten und die sich im Westen deshalb unbesorgt ihrer Nachkriegslaufbahn widmen konnten.

Das zweifelhafte »131-Gesetz«, das der Bundestag 1951 mit großer Mehrheit verabschiedet hatte und das auch das Bundesverfassungsgericht eine »soziale Tat« nannte, garantierte ehemaligen Nationalsozialisten die Wiederverwendung in bundesdeutschen Behörden, zumindest jedoch eine ordentliche Pension. Die Folge: Ob in Wirtschaft oder Industrie, an Universitäten, in der Bundeswehr oder der Justiz – überall saßen »bewährte Fachkräfte« der untergegangenen Nazidiktatur in leitenden Positionen. Während das 131-Gesetz von Beginn an mit Eifer angewandt worden war, hatte man es mit der »Wiedergutmachung« der Opfer nicht sehr eilig. Erst fünf Jahre nach dem 131-Gesetz wurde ein »Bundesentschädigungsgesetz« geschaffen, das allen Antragstellern eine peinliche Prozedur zumutete. Aus Mangel an Durchführungsbestimmungen konnten die Opfer der Nazis nur dann Zahlungen erhalten, wenn sie nachwiesen, dass sie keine Straftaten begangen, keiner Gewaltherrschaft Vorschub geleistet, keine Grundsätze der Vereinten Nationen und des Völkerrechts je verletzt – und keiner Nazi-Organisation angehört hatten. Vergleichbares mussten die wiedereingestellten und gut versorgten Nazibeamten nicht nachweisen, die »131er« waren völlig unabhängig von ihrer wirtschaftlichen Lage zu versorgen. Wer im Entnazifizierungsnetz dennoch hängen geblieben war, hatte einen Entzug seiner Beamtenrechte nicht zu befürchten. Auch wurden Ernennungen und Beförderungen in der Zeit von 1933 bis 1945 berücksichtigt, freilich mit Einschränkungen: Ausschlaggebend war keineswegs die Unterzeichnung eines Todesurteils, sondern die Tatsache, ob während dieser Zeit gegen beamtenrechtliche Vorschriften verstoßen worden war. So ging eine ganze Juristengeneration wohlversorgt in den frühzeitigen Ruhestand. Täter in Roben, die sich frei von Schuld fühlten und ihre nationale – und häufig auch persönliche – Vergangenheit für »bewältigt« hielten. So wurde der »Niedergang des Rechts nicht verarbeitet, sondern vergoldet«, wie es Rolf Lamprecht im *SPIEGEL* sarkastisch formulierte.

»Die Maschine soll wieder laufen«, hatte Adenauer gesagt. Und so kehrten beinahe alle Richter und Staatsanwälte, die bis 1945 im Justizdienst gestanden hatten, in die Justiz zurück. Gab es keine Alternative für diese personelle Kontinuität? Man störte sich offenbar nicht daran, dass selbst schwerbelastete ehemalige Volksgerichtshofrichter jetzt wieder Recht sprachen, häufig in herausragenden Positionen: Beispielsweise Dr. Paul Reimers, Richter am Volksgerichtshof, Mitwirkung an 124 Todesurteilen, und Otto Rahmeyer, Ankläger am Volksgerichtshof, Mitwirkung an mindestens 78 Todesurteilen. Die beiden Hinrichter brachten es bis zum Landgerichtsrat in Ravensburg, wo sie sich bis 1963 erneut für die Rechtskultur verdient machen durften.

Beispielsweise NS-Juristen wie Dr. Gerhard Lehnhardt, Ankläger am Volksgerichtshof, Mitwirkung an mindestens 47 Todesurteilen, bis 1960 Oberlandesgerichtsrat in Neustadt an der Weinstraße; Dr. Helmut Jaeger, Erster Staatsanwalt beim Volksgerichtshof, Mitwirkung an mindestens vier Todesurteilen, bis 1966 Oberlandesgerichtsrat beim Oberlandesgericht in München; Dr. Kurt Naucke, ebenfalls Erster Staatsanwalt beim Volksgerichtshof, Mitwirkung an mindestens 19 Todesurteilen, später Oberstaatsanwalt in Hannover; Walter Roemer, ebenfalls Erster Staatsanwalt und Sachbearbeiter beim Volksgerichtshof, Mitwirkung an mindestens 25 Todesurteilen, darunter das gegen Alexander Schmorell und Prof. Kurt Huber von der Widerstandsgruppe »Weiße Rose«. Roemer war auch Vollstreckungsleiter bei Hinrichtungen in der Strafanstalt München-Stadelheim. Seine Vollzugsmeldung vom 11. August 1944:

»Verurteilter Willibald Bradl – Der Hinrichtungsvorgang dauerte vom Verlassen der Zelle an gerechnet eine Minute und 13 Sekunden. I. A. gezeichnet Roemer, Erster Staatsanwalt.« Nach dem Krieg machte dieser Hinrichter mit Stoppuhr weiterhin Karriere: als Ministerialdirektor und Abteilungsleiter im Bundesjustizministerium.

Auch Edmund Stark, Ankläger beim Volksgerichtshof, Mitwirkung an mindestens 50 Todesurteilen, kam wie seine Kollegen Reimers und Rahmeyer im idyllischen Ravensburg unter und durfte bis 1968 als Landgerichtsdirektor wieder Recht sprechen. Dr. Paul Emmerich, Landgerichtsrat in Berlin und beim Oberreichsanwalt des Volksgerichtshofs, zudem Vollstreckungsleiter bei Hinrichtungen, avancierte bis zum Landgerichtsdirektor in Saarbrücken, ehe er gut versorgt in Pension ging. Keine Einzelfälle. Die Justiz im Dritten Reich blieb ein unerledigter Fall.

Freisprüche für die Nazijustiz waren nicht die Ausnahme, sondern die Regel. Die Bestätigung des Unrechts wurde zur Routine. Terrorurteile wurden als »rechtsstaatlich einwandfrei« erklärt oder erschienen als »gerade noch vertretbar«. Drei exemplarische Beispiele – neben unzähligen weiteren: In einem Prozess gegen einen Kasseler Sonderrichter, der einen Mann wegen »Rassenschande« zum Tode verurteilt hatte, führte das Landgericht Kassel am 28. März 1952 an, dass »die damaligen Kriegsverhältnisse zu bedenken« seien, die »eine Atmosphäre der Empfindlichkeit gegenüber Rechtsbrechern aller Art« erzeugt hätten. Ein »Rechtsirrtum« habe damals nicht vorgelegen. Der Sondergerichtsvorsitzende verteidigte in seiner Vernehmung im Jahre 1950 sein Urteil noch einmal: »Ich halte das Urteil, das ich damals gefällt habe, auch heute noch aufrecht.« Das Gericht stimmte ihm zu und stellte in seiner Entscheidung klar: »Die Anwendung des Blutschutzgesetzes ist damals ohne Zweifel zu Recht erfolgt«, und die Sonderrichter seien keineswegs »von der deutschen Tradition der Sauberkeit des Richterstandes abgewichen«. So viel Traditionstreue musste belohnt werden. Das Urteil: Freispruch.

Vor dem Landgericht Ansbach wurden am 23. April 1960 noch einmal die Geschehnisse aufgerollt, die sich wenige Stunden vor dem damaligen Einmarsch der Amerikaner in der Nähe des fränkischen Dörfchens Brettheim zugetragen hatten. Damals weigerten sich der Bürgermeister und der NSDAP-Ortsgruppenleiter angesichts des unmittelbar bevorstehenden Zusammenbruchs, als Richter eines Standgerichts ein Todesurteil zu unterschreiben. Die Weigerung kostete ihnen das Leben, sie wurden ebenfalls unverzüglich exekutiert. Nach den Feststellungen des Ansbacher Landgerichts hatten die beiden »pflichtwidrig« gehandelt, denn – so der Originalton der Nachkriegsjuristen – mit dieser »Begünstigung der Vortäter hatten es die beiden unternommen, den Wehrwillen der Dorfbevölkerung und damit auch den Wehrwillen des deutschen Volkes zu lähmen und zu zersetzen«. Ergebnis: Die Exekution der beiden war – so die Nachkriegsjuristen – rechtmäßig nicht zu beanstanden.

Das Landgericht Berlin wiederum fand an dem Tribunal des Volksgerichtshofs gegen die Attentäter des 20. Juli 1944 kaum etwas auszusetzen. Obwohl bereits vor der Verhandlung die Todesurteile feststanden, hielten es die Berliner Richter im Jahre 1971 keineswegs für erwiesen, »dass die hingerichteten Widerstandskämpfer des 20. Juli unter Außerachtlassung der mindesten verfahrensrechtlichen Anforderungen, mithin auf Grund eines Scheinverfahrens zum Tode verurteilt, ermordet worden sind«. Drei Beispiele – neben weiteren Tausenden.

Doch nach dem Krieg mussten die Todesrichter nichts befürchten. Im Gegenteil: Beinahe in allen Verfahren gegen die Nazijustiz durften die Angeklagten mit besonderem Feingefühl und Verständnis ihrer Zunftkollegen rechnen. Kaum ein

Urteil war der Nachkriegsjustiz oberflächlich und barbarisch genug, als dass es nicht doch Gründe dafür gab, »damals anzuwendendes Recht« zu legitimieren.

Die verhinderten Ermittlungen, das großzügige Verständnis, die laxen Urteile, die zahllosen Freisprüche – das alles war charakteristisch für die Nachkriegsjustiz, wenn es um die Tätigkeit der NS-Juristen ging. Die Formel des »mangelnden Unrechtsbewusstseins« wurde für die ehemaligen nationalsozialistischen »Rechtswahrer« zum Blankoschein. Auf die Solidarität ihrer Richterkollegen konnten sie ohnehin zählen: Ein ausgeprägter Korpsgeist garantierte dafür. Und deren Friedfertigkeit fand durchaus die Zustimmung der meisten Deutschen. Die Justiz gab sich insofern recht volksnah. Das Ausbleiben der strafrechtlichen Sühne für richterliche Verbrechen war nur Teil des großen kollektiven Verdrängungsvorgangs.

»Die Banalität des juristischen Dienstbetriebs vollzog sich inmitten der deutschen Kollektivraserei, neben Konzentrationslagern, Todesmärschen, auch neben Bombenkrieg, Volkssturm, Besatzung, Flucht ... «, schreibt Benjamin Lahusen am Ende seines Buches. »Und er fragt: »Ist das nun der Gipfel der Zivilisation oder ihre letzte Perversion?« Ein von mir geschätzter Bekannter, pensionierter Richter, antwortete darauf: »Beides!«

(Juni, 2024)

Wir Nationalsozialisten

Im Jahr 1948 warb das Waschmittel Persil mit einer Zeichentrickreklame, in der ein Marine-Matrose verdreckten Pinguinen die Bäuche wieder strahlend reinwäscht. Immer mehr Pinguine springen an Bord und rufen im Chor »Persil, Persil, Persil!« ... Dabei recken sie die Flügel wie weit ausgestreckte Arme. Mit stolzgeschwellter Brust defilieren sie schließlich in Reih und Glied an Land, zu Marschmusik singend: »Ja, unsere weiße Weste verdanken wir Persil!« Die Deutschen hatten ihren Humor also noch nicht verloren – oder schon wiedergefunden. In Fridolin Schleys Roman *Die Verteidigung*, in dem er die Ereignisse um den Nürnberger Wilhelmstraßen-Prozess in ein fesselndes Drama über Moral und Verantwortung verwandelt, taucht das Reklameversprechen für blütenweiße Wäsche kurz auf – als filmische Metapher, die veranschaulicht, wie die »Entnazifizierung« schon frühzeitig funktionierte.

Deutschland in den Nachkriegsjahren: Ein Volk mühte sich, zu vergessen, was es verschwieg: seine Bereitschaft zur Teilnahme an einem System der Barbarei. Geschichtsverleugnung und Geschichtsumdeutung hatten Hochkonjunktur. So verloren sich der Schrecken und die Einzigartigkeit, welche der Zivilisationsbruch des Holocaust und die Vernichtungskriege bedeuteten, im kollektiven Verdrängen und Vergessen. Der nationalsozialistische Wahn wurde zur austauschbaren Metapher des Bösen, persönliche Schuld relativiert. Hitler allein sollte es gewesen sein, verantwortlich für das Verderben der Deutschen und ihre millionenfachen Verbrechen. Wenn nicht allein, dann allenfalls eine kleine verbrecherische Nazi-Elite und ihre fanatischen Getreuen. Im Nachkriegsdeutschland wollten die einstigen Volksgenossen die »dunklen Jahre« von ihrem eigenen Erleben und Mittun abspalten. Eine bequeme Legende. So ließ sich persönliche Schuld gut entsorgen. Die Deutschen exkulpierten sich selbst.

Der Berliner Zeithistoriker Götz Aly, geboren 1947, hat in der Vergangenheit zahlreiche wichtige, wegweisende Publikationen zur Sozialpolitik und zur Geschichte des Nationalsozialismus vorgelegt, darunter 2015 *Volk ohne Mitte* sowie zwei Jahre zuvor *Die Belasteten – »Euthanasie« 1939–1945. Eine Gesellschaftsgeschichte*. Im Februar 2017 erschien seine große Studie über die europäische Geschichte von Antisemitismus und Holocaust *Europa gegen die Juden 1880–1945*. Die Erforschung des Nationalsozialismus, des Holocaust und des Antisemitismus ist Alys Lebensthema. Es geht ihm in seinen Arbeiten nicht darum, die NS-Vergangenheit zu »bewältigen«, sondern sie zu vergegenwärtigen. Das zeigt sich auch in seinem zuletzt erschienenen Buch *Unser Nationalsozialismus* (Fischer Verlag, 2023), das seine wichtigsten Reden und Vorträge versammelt (und in einem Anhang das umfangreiche Schaffen des Autors in einem Schriftenverzeichnis dokumentiert).

Götz Aly fragt, wie sich das einmal herbeigewählte und konstituierte Hitler-Deutschland mit atemberaubendem Tempo zu einer menschlichen Maschinerie des Zerstörens, Eroberns und Mordens entwickeln konnte und warum so häufig die Rede von »den Tätern« ist, wenn es um die NS-Verbrechen geht, von »der SS« oder »den Nationalsozialisten«, wenn es um Hitlers Volksstaat, also die große Volksgemein- und -genossenschaft geht. Waren es nicht Hunderttausende Deutsche, die aktiv Menschheitsverbrechen ungeheuren Ausmaßes begingen, und viele Millionen, die diese billigten, zumindest aber geschehen ließen? Wer begreifen möchte, warum so viele durchaus normale, moralisch gefestigt erscheinende Deutsche 1932 bis 1945 dem Programm der Nationalsozialisten folgten, der findet in diesen Zeit- und Lebensgeschichten erhellende Analysen, Beschreibungen und Anmerkungen.

Nein, Hitler war nicht über die Deutschen gekommen, die Deutschen waren zu Hitler gekommen. Sie hatten ihn gewählt, verehrt und bejubelt. Die Verbrechen und Mordtaten haben keine Außerirdischen verbrochen, die Mörder und Schergen waren ganz normale Menschen und kamen aus allen Schichten der Bevölkerung. Aly benennt die vielfältigen Praktiken, die Schuld auf möglichst kleine Gruppen und Unpersonen abzuschieben – bis heute. Er hält fest, dass die Täter von damals mit uns verwandt sind. Er weitet unseren Blick auf das Ganze, auf das gesamte Panorama nationalen Größenwahns und der Barbarei. Auch wenn sich Ewig-Gestrige und AfD-Heutige dagegen sperren: Es ist »*unser* Nationalsozialismus«.

Alys Reden und Aufsätze erinnern uns daran: Die Täter sterben aus – die Opfer und Zeitzeugen ebenfalls. Mit Blick auf die Gegenwart, in der persönliches Erinnern immer seltener wird, braucht es für ein Wissen darüber, wie »es geschehen konnte«, nicht nur die Bereitschaft zur Erinnerung, sondern die Pflicht des Erinnerns. Denn: Die Menschen von damals waren so, wie wir heute sind.

(März, 2023)

GOTT UND DIE WELT

Über den Glauben und das Vertrösten

Götterglaube und Seelenheil

Wenn es um unser aller Anfang geht, um den Beginn des Lebens und um unser Ende, dann kommt der religiöse Glaube ins Spiel – unausrottbar, wie Christopher Hitchens konstatiert, zumindest so lange, »wie wir unsere Angst vor dem Tod, vor der Dunkelheit, vor dem Unbekannten« nicht überwunden haben. Oft wird ja vermutet, Religion existiere allein, um das Diesseits und den Tod zu überwinden. Gott sei eine Projektion. Der liebe Herrgott als Wegbegleiter, Hoffnungsträger und Sinnstifter; eine schöne Vorstellung, vor allem für jene, die nicht gern allein unterwegs sind. Wer Gott neben sich wünscht, der sollte dazu bereit sein, den eigenen Verstand auszuknipsen. Zum Beispiel die ungelöste Grundfrage, warum es so viel Grausamkeit und Ungerechtigkeit, Barbarei und Elend auf der Welt gibt, wenn doch alles von einem liebenden und allmächtigen Gott geschaffen wurde? Selbst die intensiv Religiösen tun sich hier mit einer plausiblen Antwort schwer. Sie sind gezwungen, sich dümmer zu stellen, als ihr lieber Herrgott sie geschaffen hat.

Keine Frage: Der Glaube kann Menschen Trost, Halt, Erleichterung und Orientierung geben, ihnen sagen, wo's lang geht in Richtung Himmelreich, dorthin, wo ein Leben nach dem Leben auf sie wartet. Die Sehnsucht nach den Götterboten, dem Garten Eden und anderen himmlischen Wohlfühloasen, sie wird verlässlich und unablässig geliefert. »Gott ist immer bei Dir. Er schenkt Dir ewiges Licht, alles so hell, gut und warm macht ...« Den Glauben zu leben ist wie ein Märchen. Er schafft Sehnsüchte, um sie zu stillen. Seelenheil forever!

Vor mehr als fünfzig Jahren, als Siebzehnjähriger, habe ich den Hort der »Heiligen Kirche« auf schnellstem Weg verlassen. Ich wollte mein Leben nicht mehr unter der Schirmherrschaft von Jesus und seiner Kirche leben. Zu viel kam da zusammen: die absurde Apfelgeschichte aus dem Paradies, die kruden Erzählungen von Gottes Leihmutter Maria, vom heiligen Geist und einem doppelten Schöpfer, der aus Jesus und seinem Vater bestand; allerlei abstruse Auferstehungs- und Wundergeschichten, dazu die ständige Sündendrohung samt (freilich nicht mehr funktionierender) Erzeugung und Nutzbarmachung des schlechten Gewissens. Es war genug. Ich verabschiedete mich. Um mein Seelenheil musste ich ab da selbst kümmern.

Religionsgeschichte ist eine Wahn- und Gewaltgeschichte: der christliche Verweis auf einen von Paulus gefärbten Jesus, der vorgeblich kommt, um das Schwert zu bringen, das als Rechtfertigungsgrund gilt für Kreuzzüge, die Inquisition, die Religionskriege, die Bartholomäusnacht, die Hinrichtungen auf dem Scheiterhaufen bis hinein ins 20. Jahrhundert – eine Kontinuität des Wahns, der Gewalt, der Barbarei.

»Unerbittlich jagen die Agenten des rechten Glaubens die Häretiker, Abtrünnigen, Ketzer. Sie werden der Folter unterworfen, zu Geständnissen gezwungen oder aber sogleich geköpft oder verbrannt. Viele Jahrhunderte des organisierten Christentums und Islams sind geprägt von brutaler Rechtgläubigkeit«, konstatiert der Soziologe Wolfgang Sofsky in seinem Buch *Ohne Götter – Zur Kritik der Religion.*

Karlheinz Deschner, den ich später persönlich kennenlernte – und schätze, hat diese über 2000 Jahre währende *Krimi-*

nalgeschichte des Christentums umfassend und profund dokumentiert. Die Bibel? Das »Buch der Bücher«, ein Märchenbuch für Erwachsene, ein immerwährender Leitfaden, ein Versprechen für die Ewigkeit. Da will Mohammads Gefolgschaft nicht nachstehen. Auf fast jeder Seite des Korans finden sich Hinweise und Aufforderungen, die Ungläubigen (und Andersgläubigen) samt deren Kultur und Zivilisation zu zerstören – im Namen eines barmherzigen Allahs. Und der jüdische Wahn vom auserwählten Volk? Moses, Paulus, Mohammed – ihre Biografien sind schauderhafte Belege für rasenden religiösen Irrsinn. Für Gewalt, Missachtung, Bosheit, Hinterlist, Niedertracht, Perversion und Verbrechen – eifernd und gnadenlos im Namen ihres Gottes.

Wir dürfen festhalten: Die Geschichte der Religionen ist eine von flächendeckender körperlicher und seelischer Grausamkeit, von gnadenloser Machtpolitik und Unterdrückung. Und dass es kein Ende damit hat, belegen exemplarisch die jüngsten Aufdeckungen weltweit verübten Missbrauchs von Priestern an Schutzbefohlenen. Die Kirche ist ein einziges religiöses Schreckenshaus, in dem grässliche Dinge passiert sind und weiter passieren.

Und so werkeln und metzeln sich die Religionen beständig durch die Weltgeschichte. Priester, Rabbiner und Imame, das geifernde Bodenpersonal Gottes, führt die Unterdrückungs- und Wahngeschichte fort. Wir müssen nicht allzu weit in der Geschichte zurückgehen (dazu bräuchte es eine mehrbändige Enzyklopädie), nein, nur in die 1980er-Jahre, als das multiethnische und multireligiöse Jugoslawien unter einer Hasslawine begraben wurde und mörderische Banden aus religiösen Eiferern und faschistoiden Vaterlandskämpfern sich gegenseitig massakrierten. »Säuberungen«, Vergewaltigungen und Massenmord im Namen des jeweiligen Gottes. Millionen verloren und gaben dabei ihr Leben, fielen dem Religionswahn und den »ewigen Wahrheiten« zum Opfer. Trotz der monströsen Gräuel, die im Namen irgendwelcher Götter gegenwärtig in aller Welt wiederholt und fortgesetzt werden, reklamieren Religionen und deren Vertreter noch immer einen Alleinvertretungsanspruch ethischen Handelns, eine höhere, gottgesalbte Moral.

Historisch wie aktuell: Beseelte Glaubensadvokaten und fanatische Gottesfans geben sich nicht mit ihren Versprechungen und Verheißungen zufrieden, nein, sie versuchen, sich in das Leben Nichtgläubiger und Andersgläubiger einzumischen. Diese Einmischung wird besonders anmaßend und giftig, wenn sich der Staat zum Komplizen macht. Mittel und Wege sind dabei variabel, die Absicht konstant: Sie propagieren die Glückseligkeit im Jenseits, wollen aber die Macht im Diesseits. Dabei können die klerikalen Angstmacher mit vielfältiger Unterstützung irdischer Machtverwalter rechnen. Politik und Religion, Staat und Kirche: eine bewährte und stabile Komplizenschaft.

Doch: Deutschland ist kein Kirchenstaat. Jedenfalls in der Theorie. Wir leben in einem säkularen Verfassungsstaat. Es herrscht Glaubensfreiheit. Gläubige, Andersgläubige und Ungläubige müssen miteinander auskommen. Jede und jede darf seinen un ihren Gott und auch mehrere Götter haben. Jeder darf glauben, was er will, beten, zu wem er will. Jede darf sich ihren Sehnsüchten und Paradiesträumen hingeben, wodurch sie ihr immerwährendes Seelenheil zu erlangen erhofft. Das private Illusionsglück steht unter staatlichem Schutz – solange es Privatsache bleibt. In einer freien Gesellschaft gibt es keine Eintracht der Glaubensbekenntnisse. Die Glaubensfreiheit des einen endet, wo jene des anderen beginnt. Das ist das Prinzip der Religionsfreiheit.

Der Staat selbst aber muss in Glaubensdingen – gewissermaßen zum Schutz der Menschen und ihrer Freiheit – neutral bleiben. Er muss gottlos sein. Doch genau daran hapert es. Obwohl die Kirchen hierzulande seit Jahrzehnten rapide an Mitgliedern verlieren und inzwischen weniger als die Hälfte der Bevölkerung Mitglied in einer der beiden christlichen Großkirchen ist, bestehen die Kirchen auf jahrhundertealten Privilegien. Und der Staat gewährt sie ihnen – in Form von Sonderrechten, zweifelhaften Subventionen und steuerlichen Vergünstigungen. Diese unheilige Allianz zwischen Staat und Kirche ist nicht mehr zeitgemäß. Das klerikale Kartell muss ein Ende haben.

Es geht um die allgegenwärtige unheilige Allianz von Staat und Kirche. Es geht um vielfältige und vielfache anachronistische Wirklichkeiten, um religiöse Privilegien und Vorteilsnahmen in unserem eigentlich säkular verfassten Gemeinwesen. Konkret und exemplarisch: um die skandalöse Nichtverfolgung klerikaler Missbrauchstäter, um fragwürdige Sonderechte und Subventionen (etwa 500 Millionen jährlich als »Entschädigung« für die Enteignung von Klöstern im Jahre 1802), um Immobilien- und Finanzskandale (etwa 60 Millionen veruntreute Gelder bei Immobilen-Spekulationen), um repressive Arbeitsrechte, die unser Staat den Kirchen gewährt; um den zweifelhaften Einfluss der Gotteslobbyisten in Politik und Medien, um die arrogante Selbstgefälligkeit einer klerikalen Oligarchie; und es geht um den irritierenden Langmut gläubiger Mitglieder, die trotz allem auf den schalen Schein ihrer Kirche nicht verzichten möchten. Es geht um die andauernde Verletzung des Verfassungsgebots staatlicher Neutralität – und was dagegen zu tun ist. Darüber hinaus liegt der Fokus auf kirchlichen Kuriositäten, die überdeutlich zeigen, wie weit die Kirche vom aufgeklärten Geist des 21. Jahrhunderts entfernt ist. Ihr Einfluss auf Politik und Gesellschaft ist stark und unheilvoll und der Glaube an die Leistungen der Religion für die Gesellschaft und den Staat noch immer mehrheitsfähig. Eine Konsequenz daraus ist: Die Vorteile religiöser Sonderrechte bleiben unangetastet und die religiösen Problemzonen werden toleriert.

Welche Rolle soll Religion heute spielen? Keine – wenn es nach mir geht. Schon gar keine Sonderrolle, weil unsere Welt in jeder Hinsicht dafür zu klein geworden ist. Religion durchwirkt noch immer unsere Gesetze. Auch Gott selbst wird in unserer Verfassung noch immer direkt angerufen und aufgerufen. »Im Bewusstsein seiner Verantwortung vor Gott und den Menschen, und von dem Willen beseelt, als gleichberechtigtes Glied in einem vereinten Europa dem Frieden der Welt zu dienen, hat sich das deutsche Volk kraft seiner verfassungsgebenden Gewalt dieses Grundgesetz gegeben.« So lautet die Präambel des Grundgesetzes der Bundesrepublik Deutschland.

Tatsache ist: Der Einfluss schwindet. Nur knapp über 50 Prozent der Deutschen sind noch Mitglied einer der beiden christlichen Großkirchen, der Bevölkerungsanteil der Konfessionsfreien ist dagegen auf 44 Prozent gestiegen. Viele haben sich zwar aus der Kirche verabschiedet, nicht aber von ihrem Glauben. In einer freien Gesellschaft ist der Glaube an einen Gott – eine Göttin – ein geschütztes Grundrecht. Ein religiöses Leben zu führen, steht unter dem Schutz des Staates. Freilich gehört die Deutungsmacht über metaphysische Wahrheitsfragen nicht in den Aufgabenkatalog des Staates. Es gibt keinen Verfassungsgott – auch nicht in einem verdeckten Schrein unseres Grundgesetzes. Gott mag für einige Menschen ein sinnhaftes Zukunftsversprechen sein, für andere eine attraktive Möglichkeit, die Gegenwart zu bewältigen. Der Staat selbst aber muss in Glaubensfragen gottlos sein.

Ob Menschen, gerade geboren, durch das Entfernen der Vorhaut traktiert werden, andere sich auf den beschwerlichen Weg nach Lourdes machen, wieder andere in die richtige Himmelsrichtung beten oder eine Hostie zu sich nehmen, um »errettet« zu werden – es darf (und sollte!) nur für den Einzelnen bedeutungsvoll sein.

Die Welt dreht sich weiter, auch ohne Himmelsgötter – welcher von ihnen auch immer sich für eine zukunftsfähige Gegenwart zuständig fühlt. Für unser irdisches Gemeinwesen ist der religiöse Glaube gesetzlich geschützt, und das ist gut so. Jeder kann seinen Gott oder mehrere Göttinnen haben, der Staat selbst aber muss gottlos sein. Das ist geradezu die Voraussetzung für Religionsfreiheit und Garant für eine friedliche Koexistenz diverser Weltanschauungen. Wir nennen es Rechtsstaat. Und was mich betrifft: Ich bin gottlos glücklich. Ich halte ich es mit Blaise Pascal, der an Leute wie mich dachte, als er einem Brieffreund schrieb: »Ich bin so geschaffen, dass ich nicht glauben kann.«

(September, 2023)

Herr Steinmeier im Garten Eden

Lassen wir gleich zu Beginn mal unseren Bundespräsidenten zu Wort kommen. Bei seiner Eröffnungsrede zur Bundesgartenschau im April 2023 in Mannheim hat er die Zuhörerschaft daran erinnert, dass einst im Garten Eden alles seinen Anfang nahm. Denn: »Wenn wir der Bibel folgen, wurde der Mensch geschaffen, dann wurden die Menschen in die schönen Gärten gesetzt, die Gott persönlich, wie es heißt, im Garten Eden angelegt hatte«, festredete er in schönster Schöpfungsprosa. »Der Mensch sollte den Garten bearbeiten und hüten«, denn – und hier wagte der weise Präsident mit schneeweißem Haupthaar eine originelle ethno-soziologische Pointe – »wenn Sie so wollen, wurde der Mensch vor aller Zeiten Anfang eigentlich als Gärtner geschaffen«.

Nicht ganz gendergerecht übersah er hier die solide Rolle der Gärtnerin. Egal. Jedenfalls beschwor der gottesfürchtige Präsident das Blumen-Bio-Event als »ein Fest der Farben, eine Feier der Buntheit und der Verschiedenheit, eine Darstellung der Schönheit ... Es ist schön und es ist eine Freude, sich inmitten der Farben der Schöpfung zu bewegen.« Spricht hier ein bibelfester Kreationist oder ein sozialdemokratischer Bundespräsident, der eigentlich – gewissermaßen als lebendes Verfassungsorgan – zur religiösen Neutralität verpflichtet ist?

Der schöpferische Christenmensch Steinmeier kennt sich aus. 2019 sollte er auf dem Evangelische Kirchentag in Dortmund als Kirchentagspräsident gar dem klerikalen Event vorstehen. Nur die Wahl zum Bundespräsidenten verhinderte seine Anwesenheit. Als Mitglied der Kirchentagsleitung hatte er sich schon zuvor für die finanzielle Grundausstattung des Glaubensevents eingesetzt. Zwar übte er diese Tätigkeit ehrenamtlich aus, allerdings wurde dadurch ein Signal an die öffentlichen Finanzierungsstellen (Bund, Land und Kommune) gesendet, die mit schöner Regelmäßigkeit die Bezuschussung der Kirchentage beschließen. Das ist Lobbyismus in reiner Form, finanziert mit öffentlichen Steuergeldern.

Man stelle sich bitte mal vor, der Wirtschaftsminister wäre gleichzeitig der Vorsitzende des Bundesverbands Deutscher Industrie und die BDI-Veranstaltungen wären zur Hälfte mit Steuergeldern finanziert – eine undenkbare Konstellation. Wenn es aber um Kirchen-Lobbyismus geht, erleben wir eine breite und offene Verflechtung mit dem Staat – finanziell und personell.

Alle Jahre wieder findet hierzulande ein Kirchentag statt, immer im Wechsel, mal ein katholischer, mal ein evangelischer – und immer in einer anderen Stadt. Das Ganze hat Eventcharakter, es gibt Musik, Tanz, gemeinsames Gebet und jede Menge Vorträge über Gott und die Welt. Ein straff organisiertes Himmelsfestival mit Zeltlagerflair. Der 38. Evangelische Kirchentag in Nürnberg trug das Motto: »Die Zeit ist jetzt.« Sogar einen offiziellen Kirchentagssong gibt es, »performed« vom Gute-Laune-Trio Judy, Ronja und Sam: »Ein kleiner Moment kann riesig sein«, beschwören sie ausgelassen göttliche Glückseligkeit. Ein echter Knaller.

Der Freistaat Bayern unterstützt mit 5,5 Millionen Euro die Kirchensause großzügig. Bei der symbolischen Scheckübergabe im Heimatministerium in Nürnberg sagte Ministerpräsident Söder, es sei eine Freude, dass der Kirchentag zum zweiten Mal nach 1979 in Nürnberg stattfinde. »Evangelisch is coming home, sozusagen …«, so der CSU-Mann im Marketingjargon. Weitere drei Millionen Euro gibt es aus dem städtischen Haushalt der Frankenmetropole, die darüber hinaus den Kirchentag auch mit Sachleistungen, wie dem Bereitstellen von Veranstaltungsorten, in Höhe von etwa einer Million Euro unterstützt. Dass die Stadt Nürnberg mit einem Schuldenstand von 1,9 Milliarden Euro aktuelle Schuldenkönigin in Bayern ist, darf hier kurz angemerkt werden. Die Veranstalter, an der Spitze Ex-CDU-Innenminister Thomas de Maizière, der diesmal als Präsident des Kirchentags fungiert, sind hoch erfreut. Der Mann, einst zuständig für Sicherheit und Ordnung, jetzt für Glaube und Hoffnung, bedankte sich für den staatlichen und städtischen Geldsegen – denn dies, so de Maizière, sei nicht selbstverständlich in Zeiten, in denen die Bedeutung der Kirche abnehme.

In der Tat: Seit dem Frühjahr 2022 ist erstmals weniger als die Hälfte der Menschen in Deutschland Mitglied in der katholischen oder evangelischen Kirche. In der Kirchentagsstadt Nürnberg haben beide Kirchen zusammen nur noch einen Anteil von rund 42 Prozent an der Bevölkerung. »Die Konfessionsfreien stellen erstmals in der Geschichte der Stadt die Mehrheit«, stellt David Farago, Aktionskünstler und im Zivilberuf Schreinermeister, nüchtern fest. Und weil es ihn als Verfassungspatriot ungemein ärgert, dass es um die Trennung von Kirche und Staat hierzulande nicht gut bestellt ist, ist er auch gegen jede staatliche Subvention von Kirchentagen. Bei der Stadt Nürnberg hat er eine Ausstellungsfläche beantragt, um seine kirchenkritische – aufklärend lästerlichen – Plastiken und Installationen samt einer »Kirchenaustritts-Beratungsstelle« zu präsentieren. Er und seine Aktionsgruppe »11. Gebot: Du sollst Deinen Kirchentag selbst bezahlen« wollen damit zur Debatte, zum produktiven Streit animieren. Denn: »Streit ist der Sauerstoff für die Demokratie.«

Dem Landesbischof Heinrich Bedford-Strohm hat Farago einen offenen Brief geschrieben und ihn um Unterstützung gebeten. Ist die Kirchentagsdramaturgie nicht auch eine Einladung für Andersgläubige und Ungläubige? Nicht auch eine große gesellschaftliche Dialogbühne? Der Herr Landesbischof ließ den Aktivisten kurz und schnöde abblitzen. O-Ton: »Leider kann ich Ihr Anliegen und die Umsetzbarkeit für Stadt und Kirchentag im Detail nicht nachvollziehen. Der Kirchentag ist eine von unserer Landeskirche unabhängige Veranstaltung und ich selber bin an keiner Stelle als Entscheidungsträger eingebunden.« Dass grenzt an dreiste Selbstverleugnung. Und an geübte Schwindelei.

Der Trick: Die Kirche tritt nicht als Veranstalter auf. Die Organisation wird vom »Verein Förderung des Deutschen Evangelischen Kirchentags« übernommen. Für jeden Kirchentag wird jeweils ein weiterer eigener Verein gegründet, der die öffentlichen Gelder erhält und verwaltet – und später wieder aufgelöst wird. Das hat viele Vorteile. Ein Vorteil: Kirchentage brauchen keine Abrechnung vorzulegen. Religionsgemeinschaften sind in Deutschland nicht rechenschaftspflichtig. Landesrechnungshöfe dürfen sie nicht überprüfen. So bleibt ungewiss, wofür das staatliche Geld eingesetzt wird. Transparenz sieht anders aus.

Das Ordnungsamt der Stadt Nürnberg hat für den widerborstigen Aktionskünstler dann doch ein paar Quadratmeter auf der Kirchentagsmeile gefunden. Und Landesbischof Bedford-Strohm wird als Prediger und klerikaler Hans-Dampf in allen Gassen als Gottesdienstgestalter und Forumsteilnehmer beim Kirchentag omnipräsent sein. Fans bewundern seine Ausdauer, Kritiker monieren seine Eitelkeit.

Und klar: Auch Bundespräsident Frank-Walter Steinmeier ist beim Eröffnungsgottesdienst auf dem Hauptmarkt in Nürnberg dabei. Vielleicht beglückt er die Zuhörerschaft wieder mit sanfter Schöpfungsprosa. Politprominenz lässt sich parteiübergreifend wie gewohnt gern auch diesmal sehen. Kaum ein Podium oder ein Diskussionsforum findet ohne »die Politik« statt. Ministerpräsident Söder wird die Kirchentagshauptbühne für seinen Wahlkampf nutzen. Sein Thema: »Bibelarbeit – Was jetzt am Tage ist / Mose 50,15 – 21«. Gleich nach der Frühmesse freitagmorgens um 9:30 Uhr im Messezentrum, Halle 4A.

Die CSU und das Kreuz – in Nürnberg kommt zusammen, was zusammengehört. Doch es geht mehr als um die staatliche Alimentierung von Kirchentagen. Die allgegenwärtige Allianz – oder soll man von komplizenhafter Seilschaft sprechen? – von Staat und Kirche in unserem Land muss ein Ende haben.

Konkret und exemplarisch: Es geht um die skandalöse Nichtverfolgung klerikaler Missbrauchstäter, um fragwürdige Sonderrechte und Subventionen, um den zweifelhaften Einfluss der Gotteslobbyisten in Politik und Medien, um die arrogante Selbstgefälligkeit der klerikalen Oligarchie. In einer säkularen Demokratie darf sich der Staat nicht mit einer Religion identifizieren, keine Kirche, keine Glaubensgemeinschaft bevorzugen. Das ist geradezu der Garant für Religionsfreiheit. Es gilt die strikte Trennung von Staat und Kirche. Erst der Bürger, dann der Gläubige.

(Juni, 2023)

Das Recht, über Gott zu lachen

Ein bärtiger Mann mit Turban hält seinen Kopf zwischen den Händen. Er ist sehr verärgert. In der Sprechblase steht: »Schon hart, wenn einen Idioten lieben ...!« Der Prophet beklagt sich also über die Haltung seiner fanatischen Anhänger. Eine Titelseite von *Charlie Hebdo*. Nicht jede/r muss über diese Karikatur schmunzeln, jede/r darf sich beleidigt fühlen. In einer freien Gesellschaft nennt man so etwas politische Karikatur.

Seit 1992 macht *Charlie Hebdo* davon Woche für Woche Gebrauch: gegen selbstgefällige Politiker, korrupte Wirtschaftsbosse, bigotte Moralwächter – vor allem aber gegen religiöse Fanatiker. So auch auf der zitierten Titelseite aus dem Jahr 2006, die dem Zeichner Kurt Westergaard gewidmet war, der wegen seiner Karikaturen in der dänischen Tageszeitung *Jyllands-Posten* von muslimischen Fundamentalisten mit dem Tod bedroht worden war. Damals waren er und die Zeitung beschuldigt worden, den »öffentlichen Frieden« zu gefährden. Eine skandalöse Umkehrung des Täter-Opfer-Prinzips. Denn nicht Westergaard und die *Jyllands-Posten*-Redaktion gefährdeten den öffentlichen Frieden, sondern religiöse Fanatiker, die in ihrem Wahn Menschen drohten und sie töteten, unfähig, satirische Kunst, wie sie in einer offenen Gesellschaft legitim ist, zu akzeptieren.

Neun Jahre später, am 7. Januar 2015, springen zwei mit Kalaschnikows bewaffnete muslimische Terroristen vor dem Pariser Redaktionsgebäude von *Charlie Hebdo* aus dem Auto, zwingen die Zeichnerin Coco zur Herausgabe des Sicherheitscodes und stürmen in den zweiten Stock. Dort erschießen sie einen Leibwächter, den Chefredaktor Stéphane Charbonnier und mehrere Mitarbeiter. Die Bilder, wie sie unter »*Allahu akbar*«- und »*Wir haben den Propheten gerächt*«-Rufen in einen schwarzen Citroën steigen und auf der Flucht einen Polizisten aus nächster Nähe exekutieren, gehen um die Welt. Zwölf Menschen werden aus dem Leben gerissen. Eine barbarische Tat. Frankreich steht unter Schock.

Und doch: Schon damals wurden Stimmen laut, die die »Verantwortungslosigkeit« des Satiremagazins beklagten. Sie machten *Charlie Hebdo* letztlich selbst für das mörderische Inferno verantwortlich, weil es unter dem »Deckmantel der Meinungsfreiheit« die Gefühle von Gläubigen verletze, sich über Religionen lächerlich mache. Solche Einwürfe kamen nicht allein konservativen Glaubensverwaltern und der politischen Rechten. Auch von linken Intellektuellen und Medien wurde das Recht auf Kritik an Gott und anderen »heiligen« Autoritäten infrage gestellt. Sie warfen *Charlie Hebdo* vor, rassistisch zu sein und den Glauben der Schwächsten zu verhöhnen – und damit vor allem viele muslimische Einwanderer zu erniedrigen. An diesem Bild wird bis heute festgehalten: Weltweit rechtfertigt ein erheblicher Teil der Islamisten Gewalt und Terror wegen angeblicher Herabwürdigung des Korans oder des islamischen Propheten Muhammad.

Diese Argumentation, die häufig für die Rechtfertigung strapaziert werde, sei der beschämende Versuch einer Täter-Opfer-Umkehr, sagt Richard Malka, der als Anwalt seit 1992 die Interessen von *Charlie Hebdo* vertritt – und deshalb seit Jahren unter Polizeischutz steht. Wo aber kämen wir hin, fragt er, wenn wir es vom Einverständnis religiöser Fanatiker abhängig machen würden, ob ein Kunstwerk, ein Theaterstück, ein Film gezeigt werden darf oder nicht, weil er/es angeblich den Propheten Mohammed herabstuft, beleidigt oder der Lächerlichkeit preisgibt?

In einem seinem Schlussplädoyer, das er 2020 im Prozess gegen die Komplizen der Attentäter vor dem Sonderstrafgerichtshof in Paris gehalten hat, forderte er die Ideologen und dienstbaren Geister des Terrors auf, mit ihren Bemühungen aufzuhören, für den Islam Sonderrechte zu beanspruchen. »Die Kunst- und Meinungsfreiheit kann in einer offenen, demokratischen Gesellschaft nicht aus Rücksicht auf religiöse Fanatiker einschränkt werden, dies kommt einer Belohnung gleich.« Nicht Religionskritik störe den öffentlichen Frieden, sondern Glaubensfanatiker, die »unsere Freiheiten verachten, die alle Ungläubigen und Andersgläubigen hassen, vor allem die, die sich erlauben, über ihren Propheten zu lachen, ihn zu karikieren«, so Malka.

Sein Plädoyer ist jetzt in deutscher Übersetzung erschienen (Richard Malka: *Das Recht, Gott lächerlich zu machen*, Alibri Verlag). Ein schmales Bändchen von großer rhetorischer Wucht. Eine Chronologie des Grauens und der politischen Ignoranz. Malka benennt Namen und Interessen aus Politik und Medien, die über Jahre eifrig Legenden- und Lügengeschichten verbreitet haben, wonach Charlie Hebdo der »Feind aller Muslime« sei. Sie alle nimmt er in Mithaftung: Opportunisten, Wegseher und Verdränger, die für die brennende Lunte, die sie mit entfacht haben, Verantwortung tragen. Sein Plädoyer ist – im Sinne des Wortes – eine »wahrhaftige« empathische Anklage gegen Gleichmut und Gleichgültigkeit. Vor allem aber eine fulminante Verteidigung der Meinungsfreiheit und des Rechts, sich über Gott lächerlich zu machen – falls es ihn gibt.

(Januar, 2024)

Kniefall des Rechtstaats

Ende September 2023: Wie jedes Jahr treffen sich die deutschen Bischöfe zu ihrer herbstlichen Vollversammlung, diesmal in Wiesbaden. Es soll – wieder einmal – auch darum gehen, Ausmaß und Ursachen der sexualisierten Gewalt gegen Kinder und Jugendliche aufzuarbeiten. Eine wissenschaftliche Studie soll dazu präsentiert werden, die man fünf Jahre zuvor in Auftrag gegeben hat. Doch kurz vor Beginn schiebt sich – wieder einmal – die Vergangenheit vor die Gegenwart. Diesmal geht um Vorkommnisse, die intern schon lang bekannt waren, über die aber in gewohnter Manier Stillschweigen vereinbart worden war. Dem 1991 gestorbenen Essener Bischof Franz Hengsbach wird sexualisierte Gewalt gegen eine Sechzehnjährige vorgeworfen. Außerdem wird er eines weiteren Übergriffs auf eine Frau beschuldigt.

Der Vorsitzende der Deutschen Bischofskonferenz, Bätzing, spricht von einer »neuen Qualität« im Missbrauchsskandal der katholischen Kirche. Das – so wörtlich – »verbrecherische Verhalten« des Geistlichen müsse umfassend aufgeklärt werden. Hengsbach wird als erstem deutschen Kardinal überhaupt sexualisierte Gewalt in mehreren Fällen in den 1950er- und 1960er-Jahren vorgeworfen. Unter anderem sollen Hengsbach und sein Bruder 1954 eine damals Sechzehnjährige missbraucht haben. Nicht nur die Kirchen-Oligarchie gibt sich – wieder einmal – betroffen. Vor dem Dom in Essen wird umgehend eine Skulptur, die ihn darstellte, abgebaut. Auch ein Schild mit den Lebensdaten Hengsbachs wird entfernt. Anstelle der Skulptur soll eine Gedenkstätte für Missbrauchsbetroffene entstehen.

Die Präsidentin des Zentralkomitees der Deutschen Katholiken, Irme Stetter-Karp, spricht von einer »abermals dokumentierten Vertuschungsstrategie der Kirche«. Und Bätzing verspricht – wieder einmal – ALLES müsse nun auf den Tisch. Daran werde auch – wieder einmal – ein unabhängiger Expertenrat mitwirken. Alles wie gehabt: die routinierte Dramaturgie klerikaler Vertuschung.

Fünf Jahre zuvor, zur Herbstvollversammlung in Fulda 2018, hatten die Bischöfe schon einmal eine Untersuchung über »sexuellen Missbrauch an Minderjährigen« in der katholischen Kirche präsentiert. Kardinal Reinhard Marx, damals Vorsitzender der Bischofskonferenz, war überzeugt: »Das ist ein wichtiger Tag für die katholische Kirche in Deutschland.« Die Forschenden hatten 38.000 Personalakten von Klerikern überprüft, von 1946 bis 2014. Sie identifizierten 3.677 Kinder und Jugendliche, die von sexualisierter Gewalt betroffen waren und 1.670 potenzielle Täter – Priester, Diakone, Ordensangehörige. Marx bat damals die Betroffenen »für alles Versagen und für allen Schmerz« um Entschuldigung. »Und ich tue es auch ganz persönlich.« Ein Blick in den Abgrund – vor allem, da es sich bei diesem Befund nur um die »Spitze des Eisbergs« handele, so die Forscher damals.

Nun, im Herbst 2023, wurde das Bild erneut bemüht. Diesmal von dem Psychiater Harald Dreßing, verantwortlich für die Koordination der Untersuchungen, die von verschiedenen Instituten durchgeführt wurden. Er forderte eine »Wahrheitskommission«, denn »ehrliche Aufarbeitung« müsse »in unabhängige Hände« gegeben werden, um das »Dunkelfeld« auszuleuchten. Doch davon sei die katholische Kirche immer noch weit entfernt. Sein Fazit: »Wir sind nach wie vor immer noch bei der Spitze des Eisbergs.« Ein Sprecher des »Betroffenenbeirats« bei der Deutschen Bischofskonferenz indes fand, es sei »eine ganze Menge passiert« in den vergangen fünf Jahren. An einem Punkt freilich müsse bei der Bischofskonferenz nachgebessert werden: »bei der Frage der Anerkennung des Leids«.

Ein Blick in die Schmerzensgeld-Tabellen zeigt: Die Zahlungen belaufen sich zwischen 5.000 und 50.000 Euro. In einem Schadenersatzprozess war im Juni 2023 der Kölner Erzbischof zu einer Zahlung von 300.000 Euro an einen Betroffenen verurteilt und damit die Kirche unter Zugzwang gesetzt worden. Daraufhin empfahl der »Betroffenenbeirat der Bischöflichen Fachgruppe zu sexuellem Missbrauch« den Bischöfen, das gesamte Prozedere zur »Anerkennung des erlittenen Leids« nochmals grundlegend zu überdenken. Hierzu sollte eine weitere Kommission, diesmal die »Unabhängige Kommission für Anerkennungsleistungen« (UKA), Betroffenen auf Antrag eine »tatorientierte Grundpauschale«, je nach Schwere des plausibel gemachten Übergriffs, zusprechen. Diese Pauschale könne von 40.000 bei »Übergriffigkeit und Grenzverletzungen« mit langfristigen Folgen über 175.000 Euro bei Missbrauch bis auf 250.000 Euro bei schwerem Missbrauch steigen.

»Tatorientierte Grundpauschale« – ein finanz-technokratisches Wortmonster aus dem klerikalen Kosmos für Missbrauch. Man möchte sich nicht vorstellen, wie innerhalb der »Unabhängigen Kommission« über »Übergriffigkeiten« und »Grenzverletzungen«, sexuelle Gewalt und sexuellen Missbrauch geredet und entschieden wird, vor allem, wenn es um die Höhe von Wiedergutmachungszahlungen geht, die über die »*tatorientierten Grundpauschalen*« hinausgehen – im Namen des Herrn ...

Die Missbrauchsbeauftragte der Bundesregierung, Kerstin Claus, (ja, auch wenn nur wenige Staatsanwälte ermitteln, gibt es zahlreiche »Beauftragte« ...) sieht Handlungsbedarf vor allem bei den Rechten von Betroffenen. Diese sollten Akteneinsicht erhalten. Die Kirche müsse sich »mehr in die Karten schauen lassen«, wenn es um Aufarbeitung von Missbrauchsverbrechen geht, sagt Frau Claus.

In die Karten schauen lassen? Ganz so, als gelte hier das Prinzip der Freiwilligkeit. Etwa wie in Freiburg, wo im Frühjahr 2023 ein juristisches Gutachten den beiden früheren Freiburger Erzbischöfen Robert Zollitsch und Oskar Saier »massive Vertuschung« und »Ignoranz geltenden Kirchenrechts« beim Umgang mit sexualisierter Gewalt vorwarf. Nicht Polizei und Strafverfolger hatten, wie in einem Rechtstaat gefordert, »die Karten aufgedeckt«, sondern ein von der Freiburger Erzdiözese bestellter Gutachter. Die Kirche ermittelte gegen sich selbst. Klerikale Missbrauchstäter und deren Vertuscher mussten nicht mit staatlicher Strafverfolgung rechnen. Der Rechtsstaat schaut – in Freiburg wie andernorts – zu.

Besonders erschreckend sei, dass das Leid der betroffenen Kinder und Jugendlichen und der Angehörigen keine Rolle gespielt habe, sagte der Jurist Eugen Endress bei der Vorstellung des Missbrauchsberichts. In ihren Amtszeiten seien keinerlei Aufklärungsbemühungen erkennbar gewesen. Vielmehr sei es nur um den Schutz der Kirche und der Priester gegangen. Endress nannte als Beispiel, dass ein Zölibatsverstoß eines Geistlichen bestraft wurde, während Missbrauch von Kindern und Jugendlichen kirchenrechtlich nicht geahndet worden sei. »Wir waren sprachlos.«

Das Kirchenrecht sehe ein Melden von Fällen als auch ein Eingreifen vor. Dass dies seine beiden Vorgänger wider besseres Wissen »schlichtweg ignoriert« hätten, mache ihn fassungslos. Ob dies auch kirchenrechtliche Konsequenzen für den noch lebenden Alt-Erzbischof Robert Zollitsch hat, werde der Vatikan entscheiden, so dessen Nachfolger, Erzbischof

Burger. Der Vatikan wohlgemerkt, nicht die deutsche Staatsanwaltschaft.

Deutschland, ein Gottesstaat? »Seit 13 Jahren haben die Bischöfe weitestgehend verhindert, dass die Verbrechen der Täter und das zweite Verbrechen, das der Vertuschung, von staatlicher Seite untersucht und aufgeklärt werden. Und sie wussten offenbar genau, was sie taten«, empörte sich Matthias Katsch, der Sprecher der Betroffeneninitiative »Eckiger Tisch« in einem Kommentar. Er hatte nach Veröffentlichung der neuen Missbrauchsstudie aus dem Erzbistum Freiburg das Vorgehen der Kirche mit der organisierten Kriminalität der Mafia verglichen.

Katsch erinnerte in seinem Beitrag an das Jahr 2010, als die damalige Justizministerin Sabine Leutheusser-Schnarrenberger einen Vermittlungsprozess zwischen Betroffenen und Täterorganisation starten wollte und die Kirche zur Aufklärung von Missbrauchsfällen aufforderte. »Die verlogene Reaktion des damaligen Vorsitzenden der Bischofskonferenz Zollitsch verhinderte dies«, so Katsch. Zwar gebe es überall sexuelle Gewalt, doch nur in der katholischen Kirche »wird mit offensichtlich hoher krimineller Energie und Raffinesse, teilweise über Grenzen hinweg durch eine mächtige Institution systematisch Täterschutz betrieben und die Justiz offenbar bewusst getäuscht«. Der Missbrauchsbetroffenen-Vertreter fordert, dass der Deutsche Bundestag eine Untersuchungskommission einsetzt, die den Missbrauchsskandal in der katholischen Kirche endlich aufklärt. Die Archive sämtlicher deutscher Diözesen sollten durchsucht und Unterlagen ausgewertet werden. »Um der Gerechtigkeit für die Opfer willen, aber auch damit sich nachhaltig etwas ändert, muss dieser Verbrechenskomplex aufgeklärt werden«, so Katsch.

Ein frommer Wunsch. Wortreich und unverständlich, umschreibt eine klerikale Oligarchie seit Jahren Seiten ihr Nichtstun. Etwa, dass man den genannten Vorschlag des Betroffenenbeirats zur Umstrukturierung des Anerkennungsverfahrens bis heute ablehnt. Eifrig wird weiterhin von Austausch und Neustrukturierungen, von einzubringenden Perspektiven und Weiterentwicklung geredet. Auch Gratisfloskeln wie »Vernetzung ist ein zentrales Thema in der Betroffenenarbeit. Die Bedeutung der Vernetzung hat die Vollversammlung nochmals explizit unterstrichen«, fehlen nicht. Nichts Neues also. Der Schutz der Kirche geht vor, nicht das Leid der Opfer.

Noch immer sind viele Bischöfe der Meinung, der Staat habe sich nicht in ihre Angelegenheiten einzumischen, selbst wenn es um schwere und schwerste Straftaten geht. Kirchenrecht schützt die Täter vor Verfolgung und Verurteilung. Die Strafverfolgungsbehörden agieren irritierend zurückhaltend. Kein klerikaler Missbrauchstäter sitzt in Haft, kein Bischof steht vor Gericht, kein Kardinal wird zur Rechenschaft gezogen. Eine skandalöse staatliche Ignoranz. Mittlerweile wird der Schwarze Peter jetzt ebendiesem Staat zugeschoben: »Wir unterstützen ausdrücklich das Anliegen, die Aufarbeitung auch gesetzlich zu stärken. Eine solche gesetzliche Regelung wäre auch ein wichtiger Ausdruck staatlicher Verantwortungsübernahme«, schreiben die Kirchenvertreter. Eine groteske Verhöhnung des Rechtstaats. Wie lange noch? Deutschland ist kein Kirchenstaat. Wir leben in einem säkularen Verfassungsstaat. Der Rechtsstaat muss handeln. Aber er schaut weiter zu.

(Januar, 2021)

Kein Schwert, sondern ein Schild

Beginnen wir hierzulande: Noch immer gibt es eine Fülle anachronistischer Gesetze und Subventionen, etwa bei der horrenden öffentlichen Finanzierung von Kirchentagen oder der Ablösung der Staatsleistungen an die Kirchen, die Finanzierung theologischer Fakultäten an staatlichen Universitäten bis hin zu Kirchenredaktionen in deutschen Landes-Rundfunkanstalten. Daran wird sich auch in naher Zukunft wenig ändern. Zu stark ist der klerikale Lobbyismus, die Kirchenhörigkeit der Politik. Dabei gibt es einen klaren Verfassungsauftrag in Deutschland, die Komplizenschaft von Kirche und Staat zu beenden. Seit mehr als einhundert Jahren. Doch passiert ist bislang nichts. Dabei hat eine integrationsbedingte Pluralisierung der religiösen Geografie die bewährte, traditionelle Arbeitsteilung zwischen Kirche und Staat in Schieflage gebracht. Der Staat ist gefordert, sich religionspolitisch neu zu orientieren. Wie das Neutralitätsgebot des Staates angesichts wachsender kultureller, ethnischer und religiöser Vielfalt vorangetrieben, wie Grundsätze des säkularen Staates verteidigt werden können, darüber besteht wenig Einigkeit.

Vielleicht kann die Lektüre des 2022 erschienenen Buches der französischen Autorin Caroline Fourest hier für beschleunigten Erkenntnisgewinn sorgen. *Lob des Laizismus* – ihre Streitschrift möchte uns daran erinnern, das Weltliche vom Religiösen zu trennen, gerade weil die fundamentalistische

Verschmelzung von beidem vielerorts hoch im Kurs steht. Notwendiger denn je ist – so die Autorin – eine »laizistische Wachsamkeit«. Fourest klärt auf: Schon der Begriff Laizismus wird vielfach unterschiedlich definiert und gedeutet. Im Arabischen wird er häufig mit Atheismus verwechselt, während die englischsprachige Welt ihn mit »Säkularismus« gleichsetzt. Häufig einigt man sich darauf, darunter die Trennung von religiösen und zivilen Räumen zu verstehen, ohne jedoch auf einer rigiden Separierung beider Bereiche zu bestehen.

In Frankreich ist man da etwas anspruchsvoller – und strikter. Was mit Laizismus zum Ausdruck gebracht wird, ist die unbedingte Leidenschaft für Gewissens- und Weltanschauungsfreiheit. Im Gesetz von 1905 heißt es: »Die Republik gewährleistet Gewissensfreiheit, garantiert die freie Ausübung der Religion (...) erkennt jedoch weder einen Kultus an, noch zahlt sie ihm Gehälter oder Subventionen.«

Das Gesetz ist Text und Ideal zugleich. Keine Religion wird staatlich bevorzugt. Es schafft ein gesellschaftliches Gleichgewicht, das den Kräften des religiösen Dogmatismus in einem jahrhundertelangen Kampf abgerungen wurde. Doch das »französische Modell«, um das es in diesem Buch zentral geht – also die Trennung von Staat und Kirche sowie die religiöse Neutralität des Ersteren – steht unter heftiger Kritik. Höchste Zeit also für dessen Verteidigung, meint Caroline Fourest, Sachbuchautorin, Journalistin und Filmemacherin, die sich selbst als »Charlie-Hebdo-Linke« bezeichnet. Mit klarer Sprache und rhetorischer Verve verweist sie darauf, dass Frankreich sich in einem fanatischen, mörderischen Religionskampf befindet, was hierzulande gern ignoriert wird: Zwischen 1979 und 2021 gab es 82 islamistische Attentate mit über 330 Toten. Eine Schreckensbilanz. Die Autorin plädiert für eine offensive Gegenwehr.

In dieser brisanten Melange aus Terror, Hass, Gleichgültigkeit, Rechtfertigung und gegenseitiger Schuldzuweisung stehen auch die Grundsätze und Grundwerte des Laizismus unter Beschuss. Zwar findet der Laizismus in der öffentlichen Meinung Frankreichs weitgehende Zustimmung – und doch hat er Feinde, auch viele falsche Freunde. Ob Extremisten, Nationalisten oder Identitäre, alle bedienen sich seiner. Von der Rechten und der extremen Rechten jahrhundertlang bekämpft, wird er als Waffe zur Verteidigung des christlichen Abendlandes gegen den Islam benutzt. Fourest verwahrt sich hier gegen jede Form vereinnahmender Instrumentalisierung, die, wie etwa Marine Le Pens *Rassemblement National*, laizistische Argumente im Kampf gegen Islam und Islamismus einsetzt, dabei »die Neutralität der laizistischen Schule beschwört und eine christlich-klerikale Idee von Nation verteidigt. Das Gegenteil der republikanischen Idee von Gleichheit und Brüderlichkeit, welche der Laizismus ist.«

Die Linke hingegen traue sich nicht, offensiv laizistische Argumente zu benutzen, weil sie befürchte, damit den grassierenden Rassismus zu stärken, moniert Fourest. Einer der kursierenden Einwände lautet, dass der Laizismus gegen religiöse Minderheiten wie Muslime gerichtet sei. Etwa in der Debatte um das Tragen des Kopftuchs. Die Autorin wendet sich gegen diese selektive Wahrnehmung, kritisiert die dortige Identitätslinke, die etwa Frauendiskriminierung innerhalb von religiösen Minderheiten relativiere oder verharmlose. Die »neuen Antirassisten« von links seien »eher pro-islamisch, Anhänger des Opferwettstreits zwischen Juden, Arabern und Schwarzen, und manchmal äußern sie sich auch rassistisch gegenüber Juden und verachten Homosexuelle«.

Die Frage, ob sich das Modell des französischen Laizismus als Strukturprinzip demokratischer Verfassungsstaaten eignet oder aber religiösen Radikalismus eher begünstige, beantwortet Fourest mit klarer Kante: Nein, der Laizismus führt keineswegs zur Radikalisierung. Und der in angelsächsischen Ländern geäußerten Kritik, der Laizismus habe zur islamistischen Radikalisierung in Frankreich beigetragen, kontert sie mit dem Einwand, dass das Nachbarland Belgien »prozentual doppelt so viele Dschihadisten hervorgebracht« habe, obwohl es »stärker kommunitaristisch als republikanisch organisiert« sei.

In diesen Zusammenhang widmet sich die Autorin in einem umfangreichen Exkurs der laizistischen Wirklichkeit in den USA, die exemplarisch für eine unterschiedliche Auffassung bei der Trennung von Religion und Staat steht. Hier weist Fourest darauf hin, dass ein Vergleich mit den Vereinigten Staaten, wo nur ein Hundertstel der Bevölkerung dem Islam anhänge, in Bezug auf die Radikalisierungsfrage eigentlich absurd sei.

Ohnehin: Im Hinblick auf die Haltung des Laizismus trennt Frankreich und die Vereinigten Staaten mehr als ein Ozean. In Frankreich werden staatliche Behörden als Beschützer des Individuums vor dem Druck und der Einflussnahme religiöser Gruppen gesehen, während in den USA religiöse Gruppen als Beschützer des Individuums vor staatlichen Eingriffen gesehen werden. Maßnahmen, die in Frankreich zum Schutz der Gleichheit und der Gewissensfreiheit getroffen werden, gelten in den Vereinigten Staaten als Verletzung der Religionsfreiheit, als Angriff auf die Bürgerrechte. Hier lauert also eine Menge von Missverständnissen und falschen Vergleichen: von Anti-Sekten-Gesetzgebung bis hin zu gesetzlichen Verboten religiöser Symbole in öffentlichen Einrichtungen und Schulen.

In den abschließenden Kapiteln beschreibt Fourest noch einmal die aktuelle Situation in Frankreich und die daraus resultierende Notwendigkeit der Verteidigung der laizistischen Gesellschaft. Sie unterscheidet dabei zwischen freien und staatsbürgerlichen Bereichen. Unter dem Motto »Der Laizismus schützt uns – schützen wir ihn« beschreibt sie zentrale gesellschaftliche Problemfelder und liefert überzeugende Argumente für überfällige Gesetzesänderungen und Reformen, die notwendig sind, um Rechte und Pflichten in einer multireligiösen Gesellschaft neu zu justieren. Kernfragen des Laizismus betreffen etwa die Finanzierung von Glaubensgemeinschaften sowie die religiöse Neutralität des Schulsystems. Erstere lehnt Fourest entschieden ab. In der Neutralität der öffentlichen Schulen sieht sie ein zentrales Element des Laizismus. Die Nichteinmischung seitens der Religion hat einen zentralen Stellenwert. Dies gilt gleichermaßen auch für Hochschulen.

Für die deutsche Leserschaft liefert Caroline Fourest viel diskussionswürdigen Stoff. Auch wer nicht alle ihre Ein- und Ansichten teilt, wird die Streitschrift mit Gewinn lesen. Es geht nicht um die Austreibung Gottes aus der Welt – persönlicher Glaube und individuelle Spiritualität gehören in einer Demokratie zu den Grundrechten eines jeden Menschen – nein, es geht um die Instrumentalisierung von Religion und ihrer fundamentalistischen Geltungsansprüche. Diese aber darf eine offene Gesellschaft nicht zulassen. Gegenwehr ist gefordert. »Der Laizismus ist kein Schwert, sondern ein Schild«, schreibt Caroline Fourest am Ende ihres Buches. Es ist ein kluges Plädoyer für eine Trennung von Weltlichem und »Heiligem«. Leidenschaftlich geschrieben und lesenswert.

(Oktober, 2022)

Kreuz, Kippa und Kopftuch

»Der Islam gehört zu Deutschland«, sagte vor Jahren ein Bundespräsident, dem nur eine kurze Amtszeit beschieden war. Hatte er recht? Das deutsche Religionsverfassungsrecht garantiert hierzulande allen muslimischen Bürgern, ihren Glauben frei ausüben zu können. Dass es de facto vor allem die beiden großen christlichen Kirchen vielfach begünstigt und ihnen einen Sonderstatus einräumt, wird niemand bestreiten. Die meisten Menschen in Deutschland, Gläubige wie Ungläubige, finden das richtig. Muslimische Glaubensadvokaten monieren – ebenfalls erwartbar – die damit einhergehende Diskriminierung und Ausgrenzung. Dabei soll der Staat doch vor allem in Religionsbelangen eines sein: neutral. Aus religiösen Belangen sollte er sich heraushalten. Doch er tut es nicht.

In unserem Grundgesetz (Art. 140 GG) sind die Grundlagen für das Verhältnis von Kirche und Staat in Deutschland klar formuliert. Das Bundesverfassungsgericht hat diesen Artikel dahingehend ausgelegt, dass das Gesetz dem Staat als Heimstatt aller Bürger ohne Ansehen der Person weltanschaulich-religiöse Neutralität auferlegt. Es untersagt die »Privilegierung bestimmter Bekenntnisse«. Doch die Verfassungswirklichkeit sieht anders aus. Nicht zuletzt wegen unzähliger Privilegien und Subventionen an die Kirchen haben wir längst zwei Staatskirchen. Der Islam mag zwar zu Deutschland gehören, doch seine – religiöse! – Rolle in der gesellschaftlichen Alltagswirklichkeit ist allenfalls an einzelnen Orten unübersehbar, etwa in Städten wie Berlin, Köln oder Duisburg. Insgesamt leben, Stand 2021, nur 2,9 Millionen, also 3,5 Prozent der Bevölkerung, konfessionsgebundene Muslime in Deutschland. Dennoch: Der Islam wird selbstbewusster und sichtbarer. Nicht nur in Deutschland, er konfrontiert Europas Verfassungsstaaten mit neuen Konflikten.

Die Trennung von der Kirche, die Distanz zu Religionen und die Hinwendung zu Logos und Ratio gelten als wichtigste Errungenschaften des modernen Verfassungsstaates. Eine andere Frage ist, ob der Staat Religion in ihrer öffentlichen Präsenz fördern soll – und damit, indirekt, eine Mehrheitsreligion bevorzugt. Anders stellt sich die Situation für die nicht kirchlich gebundenen Menschen – immerhin jetzt schon etwa 50 Prozent der Bevölkerung – dar. Sie weisen auf die häufigen Verstöße staatlicher Neutralität hin. Dabei geht es nicht darum, die Kirchen aus dem gesellschaftlichen Leben zu verbannen. Ziel ist allein, die verfassungswidrige Verknüpfung mit dem Staat zu beseitigen, mit der die Kirchen sich Sondervorteile vor anderen Gruppen in der pluralistischen Konkurrenz um gesellschaftlichen und politischen Einfluss verschaffen.

Fest steht: Eine integrationsbedingte Pluralisierung der religiösen Geografie hat die bewährte, traditionelle Arbeitsteilung zwischen Kirche und Staat hierzulande in Schieflage gebracht. Der Staat ist gefordert, sich religionspolitisch neu zu orientieren. Doch wie das Neutralitätsgebot des Staates angesichts wachsender kultureller, ethnischer und religiöser Vielfalt vorangetrieben, wie Grundsätze des säkularen Staates verteidigt werden können, darüber besteht wenig Einigkeit.

Kann Frankreich hier Vorbild sein? Dort existiert ein religionsverfassungsrechtliches Modell, dem das Prinzip »Laizität«, also einer strengen Trennung zwischen Religion und Staat, zugrunde liegt. Der Begriff *laïcité* wurde 1871 von dem

Pädagogen und späteren Friedensnobelpreisträger Ferdinand Buisson geprägt, der sich für vor allem für einen religionsfreien Schulunterricht einsetzte. Im Gegensatz zur französischen Ausprägung der Laizität, nach der primär der Staat vor dem als schädlich angesehenen Einfluss der katholischen Kirche geschützt werden sollte, wird andernorts die Trennung von Kirche und Staat unterschiedlich praktiziert. Viele westliche Staaten sind zwar ihrer Verfassung nach nicht explizit laizistisch, doch gilt in unterschiedlichem Ausmaß die Neutralität des Staates in religiösen und weltanschaulichen Belangen. Ein Dutzend Länder haben den Laizismus in ihren Verfassungen verankert, in Europa sind es Frankreich und Portugal. Die französische Verfassung von 1958 proklamiert im ersten Artikel unter anderem: »Frankreich ist eine unteilbare, laizistische, demokratische und soziale Republik. Sie gewährleistet die Gleichheit aller Bürger vor dem Gesetz ohne Unterschied der Herkunft, Rasse oder Religion. Sie achtet jeden Glauben.«

Neutralität zeigt sich im Verbot von religiösen Bezügen im öffentlichen Raum. Etwa in staatlichen Schulen. Entsprechend gibt es in Frankreich keinen Religionsunterricht. Das Tragen von religiösen Symbolen wie Kreuz, Kippa oder Kopftuch ist Schülern und Schülerinnen auf dem Schulgelände seit 2004 per Gesetz untersagt. Eines der Hauptziele der entschiedenen Verfechter der Laizität ist es daher – wie es der französische Bildungsminister Gabriel Attal formulierte – sicherzustellen, dass beim Betreten eines Klassenzimmers niemand in der Lage sein sollte, die Religion der Anwesenden zu erkennen.

Der französische Staat subventioniert auch keine christlichen Großevents wie Kirchentage, es gibt keinerlei religiöse Bekenntnissendungen oder Gottesdienst-Liveübertragungen im staatlichen Rundfunk und in TV-Kanälen. Es wird kein eigenes kirchliches Arbeitsrecht akzeptiert. Und es ist undenkbar, dass der Staat den Religionsgemeinschaften seine Verwaltungsstrukturen zur Erhebung von Mitgliedsbeiträgen in Form von Kirchensteuern zur Verfügung stellt. Auch müssen sich französische Religionsgemeinschaften in Form privatrechtlicher Vereine organisieren und können gegenüber dem Staat keinerlei Ansprüche geltend machen. So soll die Gleichheit aller Staatsbürger umgesetzt und die »Unteilbarkeit des Staatskörpers garantiert«, – aber auch verhindert werden, dass im öffentlichen Raum sich »niemand durch die religiöse Bekundung Dritter gestört fühlt«.

Kurzum: in Frankreich ist Religion Privatsache und als solche im Gesetz von 1905 festgeschrieben. Betrachtet man das Wesensprinzips der *laïcité* unter dem Aspekt der Garantie von Religionsfreiheit, so gibt es zwischen Anspruch und Wirklichkeit durchaus Übereinstimmung. Das 2010 verabschiedete Verbot der Verschleierung des Gesichts im öffentlichen Raum (»Burkaverbot«) etwa steht in dieser Tradition. Doch es gibt auch Abweichungen – und diese sind keineswegs neu, sondern existierten bereits 1905.

So bestehen bis heute gültige institutionalisierte Verflechtungen, die die Grenzen einer strikten Trennung von Kirche und Staat verschwimmen lassen. Auch nimmt das beim französischen Innenministerium angesiedelte Zentrale Kultusbüro eindeutig religionspolitische Aufgaben wahr, wenn es Priester oder Seelsorger für Armee oder Justizvollzug ernennt. Ebenso verfügt es über steuer- und verwaltungsrechtliche Entscheidungsbefugnisse zum Beispiel bei der Genehmigung von Steuererleichterungen für Religionsgemeinschaften oder bei der Abwicklung von Spenden und Schenkungen. Ferner unterstützt der französische Staat auch weiterhin die Errichtung religiöser Bauten – trotz des offiziellen Verbots durch das Gesetz von 1905. Allerdings nur indirekt, etwa mithilfe von Erbpachtverträgen oder Quersubventionierungen wie der Finanzierung von angegliederten Kulturzentren.

Das Prinzip der Laizität hat also mehrere Facetten und wird seit jeher in der Praxis weniger strikt ausgelegt, als es sein theoretisches Konzept fordert. Jahrzehntelang war diese Ambivalenz kein Problem. Auch hinsichtlich des Islam nicht, wie die staatlich initiierte Gründung des französischen Muslimrates (CFCM) im Jahr 2003 oder die indirekte finanzielle Unterstützung des Baus der Moschee von Créteil oder des Instituts der Kulturen des Islam (ICI) durch die Stadt Paris unterstreichen.

Seit der Islam an gesellschaftspolitischer Präsenz im Land gewinnt (Stichworte: Moscheebau, konfessionelle Privatschulen, Feiertage, Bestattungsfragen, Speisevorschriften) gerät das Wesensprinzip der Laizität an seine Grenzen. Nicht zuletzt prägen zahlreiche Gewalt- und Terroranschläge islamistischer »Gotteskrieger«, die für sich reklamieren, »im Namen Allahs« zu handeln, die öffentliche Wahrnehmung des Islams. Im Vordergrund dieser heftig geführten nationalen Debatte steht aber interessanterweise nicht die Frage, wie Islam und Laizität künftig in Einklang gebracht werden könnten. Vielmehr appelliert die Mehrheit der Politiker an die Angst der Bevölkerung vor einem Verfall nationaler Werte und des gesellschaftlichen Zusammenhalts und begründet so die neuerliche Betonung der strikten Trennung von Religion und Zivilgesellschaft.

Eine exemplarische Auseinandersetzung darüber, wie es um Frankreichs Laizität bestellt ist, löste im Sommer 2023 das neue Abaya-Verbot aus, das an Frankreichs öffentlichen Schulen gilt. Eine Abaya ist ein fuß- bis bodenlanges, hochgeschlossenes, langärmeliges Überkleid, das von muslimischen Frauen vor allem im Nahen Osten und in Nordafrika getragen wird. Das Verbot wird von einigen als Angriff auf die Religionsfreiheit eingestuft. Andere sehen darin eine Verteidigung der Laizität, der republikanischen Werte und der Gleichberechtigung der Geschlechter. Wie schon bei der Kopftuch- und Burka-Debatte empören sich Politiker der Rechten beispielsweise über das Vorhandensein einer Frau mit Kopftuch auf der Zuschauertribüne eines Regionalparlaments.

Eine unabhängige »Beobachtungsstelle für Laizismus« widersprach den Beschwerdeführern und betonte, dass Privatpersonen, die den Staat nicht repräsentieren, in öffentlichen Einrichtungen religiöse Symbole tragen dürfen. Auch wurde darüber diskutiert, ob eine Mutter, die ihre Kinder auf einem Schulausflug begleitet, ihr Kopftuch abnehmen muss. Die Debatte war und bleibt aufgeladen. Manche, darunter auch linke Gruppen, verurteilen Verteidiger der Laizität pauschal als »islamophob und integrationsfeindlich«. Doch diesmal war selbst »die Linke« in Bezug auf das Abaya-Verbot gespalten. Der *Figaro* berichtete von einer Umfrage, wonach bei den Sympathisanten der Sozialistischen Partei eine überwältigende Mehrheit von 75 Prozent das Abaya-Trageverbot in Schulen befürwortet.

Das Tragen religiöser Symbole im öffentlichen Raum ist Privatpersonen in Frankreich nicht grundsätzlich verboten, sondern fällt unter die als Menschenrecht garantierte Religionsfreiheit. Einschränkungen ergeben sich – wie bei anderen Menschenrechten auch – allenfalls aufgrund der mit der »öffentlichen Ordnung« begründeten Ausnahmen. So erließ Frankreich 2011 ein Gesetz, das die Verhüllung des Gesichts im öffentlichen Raum verbietet. Kritiker hatten das als »antimuslimisch« verurteilt, weil nur ein kleiner Bruchteil der Musliminnen sich vollverschleiern würde. Die Begründung, in der die Anwendung der Ausnahme mit der »öffentlichen Ordnung« gerechtfertigt wird, liefert die französische Botschaft in Wien:

»Das Verbot der Gesichtsverschleierung im öffentlichen Raum zielt darauf ab, die Werte der Republik und des Zusammenlebens, vor allem im Sinne der Gesellschaftsregeln, dauerhaft sichern. [...] Die Gleichheit von Mann und Frau in allen Lebensbereichen ist in der französischen Verfassung verankert. Für den Gesetzgeber bedeutet die freiwillige oder unfreiwillige Verschleierung des Gesichtes einen Bruch mit dem Gebot der Gleichheit, bei dem die Frau ausgeschlossen wird und eine unterordnete Rolle einnimmt. Diese ausschließende Verbergung wird empfunden als Ausdruck des Rückzugs einer Gruppe aus der Gesellschaft bzw. der Verweigerung, sich als Teil einer offenen Gesellschaft zu betrachten.«

Der Europäische Gerichtshof für Menschenrechte (EGMR) hielt in seinem Urteil vom 1. Juli 2014 das französische Verhüllungsgesetz für menschenrechtskonform. Zwar wies der EGMR einen Teil der Argumente des französischen Staates zurück und hielt fest, dass die Gleichstellung zwischen Mann und Frau kein hinlängliches Motiv sei, um ein Verbot des Ganzkörperschleiers im öffentlichen Raum zu rechtfertigen, aber er erachtete das angefochtene Verbot mit Blick auf das Ziel, das »gesellschaftliche Zusammenleben« zu erhalten, für verhältnismäßig: »So gesehen versucht der belangte Staat, einen Grundsatz der zwischenmenschlichen Kommunikation zu schützen, der seiner Ansicht nach essentiell für den Ausdruck nicht nur des Pluralismus ist, sondern auch der Toleranz und der geistigen Großzügigkeit, ohne die es keine demokratische Gesellschaft gibt. Es kann daher gesagt werden, dass die Frage, ob es erlaubt sein sollte, an öffentlichen Orten einen Gesichtsschleier zu tragen, eine Wahl der Gesellschaft darstellt.«

Die Debatte um das Abaya-Verbot verdeutlicht exemplarisch die Problemstellung: Wie soll ein laizistisches Land mit der Religion seiner Einwanderer umgehen? Soll es Zugeständnisse an die religiösen Bedürfnisse machen oder braucht es eine flexiblere, weniger strikte Form der Laizität, die vor allem den Frieden in der Gesellschaft in den Mittelpunkt stellt? Für

Verfechter des Laizismus ein Graus. Sie halten daran fest: Das staatliche Neutralitätsgebot muss angesichts wachsender kultureller, ethnischer und vor religiöser Vielfalt klar und strikt verteidigt werden.

Und Deutschland? Für einen strikten Laizismus müsste die Verfassung an vielen Stellen geändert werden. Die politischen Mehrheiten dafür sind unwahrscheinlich, die Einflüsse christlicher Eliten in den staatlichen Gewalten zu stark. Es sollte der Grundsatz gelten: Erst der Bürger, dann der Gläubige. FDP-Chef Christian Lindner sagt, das Christentum sei nicht die deutsche Staatsreligion, sondern »ein persönliches Bekenntnis der Bürger« und er erinnert daran, dass wichtige, bis heute gültige Verfassungsprinzipien gegen den Widerstand der Kirchen erkämpft worden seien. In der SPD gibt es einen »Arbeitskreis Säkularität und Humanismus in der SPD« (AKSH), bei den Grünen eine »Bundesarbeitsgemeinschaft Säkulare Grüne«. Sie alle wollen laizistische Themen auf die politische Agenda setzen und in Parteigremien und draußen am Wahlstand für eine konsequente Trennung von Staat und Kirche kämpfen. Kein leichtes Vorhaben: Kirchenlobbyisten sind in allen Parteien gut vernetzt. Die klerikalen Politallianzen sind robust und einflussreich. Kurzum: Es bleibt viel zu tun auf dem Weg in eine laizistische Verfassungswirklichkeit.

(Februar, 2024)

Seid umschlungen, Milliarden!

Wenn man, versucht, Menschen – ganz gleich, ob gläubig oder ungläubig – die sogenannten »Staatsleistungen« an die Kirchen zu erklären, erntet man Kopfschütteln. Kaum jemand weiß davon. Es geht dabei nicht um staatliche Zahlungen, etwa für den Betrieb von Kindergärten, Krankenhäusern, Pflege- und Seniorenheimen, die ohnehin fast vollständig von öffentlichen Haushalten (also von allen Steuerzahlen) an Caritas oder Diakonie geleistet werden. Nein, die Kirchen bekommen das Geld als – salopp formuliert – »Ausgleichzahlungen« aufgrund der Säkularisation Anfang des 19. Jahrhunderts. Zur Zeit der napoleonischen Kriege wurden die geistlichen Territorien und Kirchengüter des »Heiligen Römischen Reichs« säkularisiert, das heißt, sie wurden der Hoheit der größeren weltlichen Landesfürsten unterstellt. Der Staat verpflichtete sich im Gegenzug gegenüber den Kirchen dazu, sie für ihre Verluste zu entschädigen und etwa den Unterhalt der Pfarrer sicherzustellen.

Sowohl die Weimarer Reichsverfassung (1919) als auch das Grundgesetz (1949) verlangen, dass diese Staatsleistungen beendet, also abgelöst werden. Ein frommer Wunsch. Keine Regierung der letzten Jahrzehnte, gleich ob christ-/sozialdemokratisch oder rot-grün, sah hier Handlungsbedarf. Die eherne Komplizenschaft von Staat und Kirche überdauerte alle Regierungen. Bereits März 2020 hatten Bündnis 90/Die Grünen, FDP und Die Linke einen gemeinsamen »Entwurf für ein ›Grundsätzegesetz‹ zur Ablösung der Staatsleistungen« in den Bundestag eingebracht. Er sah vor, dass sich die Ablösezahlung am Bewertungsgesetz orientieren und auf das 18,6-Fache des jeweiligen Zahlungsbetrages aus dem Jahr 2020 belaufen sollte. Zusätzlich sind zwanzig Jahre lang die bisherigen Staatsleistungen weiterzuzahlen. Nun sind FDP und Grüne gemeinsam mit der SPD nicht mehr Opposition, sondern Regierung. Doch die Ampel schaltet nicht um: Der Entwurf wartet noch immer auf seine Umsetzung. Ein andauernder Verfassungsbruch.

Mittlerweile belaufen sich diese Zahlungen, die von Bundesland zu Bundesland unterschiedlich hoch sind, auf eine Gesamtsumme von nicht weniger als einer halben Milliarde. Pro Jahr. Aus dem Geld aller Steuerzahler, ob religiös oder nicht. Insgesamt sollen seit Gründung der Bundesrepublik auf diesem Wege mindestens 19 Milliarden Euro in die Kirchenkassen geflossen sein.

Auch in 2023 Jahr können sich die beiden großen Kirchen über einen staatlichen Geldsegen freuen: Rund 594 Millionen Euro werden von den Bundesländern überwiesen. Davon entfallen etwa 59 Prozent auf die evangelische und 41 Prozent auf die katholische Kirche. Das sehen die Haushaltspläne von 14 Bundesländern (Bremen und Hamburg entrichten als ehemalige Freie und Hansestädte keine Staatsleistungen an die Kirchen) vor, die die *Humanistische Union* (HU) seit Jahren auswertet.

594 Millionen Euro für das Jahr 2022 bedeuten gegenüber 2021 (581 Millionen Euro) ein Anstieg um 2,2 Prozent. Bei Annahme der gleichen Anstiegsrate – die aufgrund der jährlichen Anpassungsklauseln zu erwarten ist – werden die Staatsleistungen für 2023 die 600-Millionen-Marke übersteigen und schätzungsweise rund 607 Millionen Euro betragen. Der aktuelle

HU-Bericht verweist darauf, dass auch in diesem Jahr bei den Haushaltsberatungen »in keinem einzigen Bundesland die Abgeordneten die Staatsleistungen angesprochen, geschweige denn kritisch diskutiert haben«. Auch nicht in den Ländern, die – gemessen an ihrer Einwohnerzahl – extrem viel Geld für die beiden Kirchen vorsehen, wie zum Beispiel Sachsen-Anhalt (40 Millionen Euro), Rheinland-Pfalz (66 Millionen Euro), Thüringen (28 Millionen Euro) oder Baden-Württemberg (137 Millionen Euro). Seit dem Inkrafttreten des Grundgesetzes ergeben sich kumuliert Zahlungen der 14 Länder an die Kirchen von über 20 Milliarden Euro. Hinzu kommen vollständige staatliche Zahlungen für kirchliche Trägerschaften von Krankenhäusern, Kindergärten und Pflegeeinrichtungen. Auch für Restaurierungen kirchlicher Immobilien sowie für den Denkmalschutz kommt Geld aus der Staatskasse. Darüber hinaus genießen die Kirchen umfangreiche Steuer- und Abgabenprivilegien. Auch auf das solide Finanzpolster, das die gesetzliche Kirchensteuer den Kirchen ohnehin garantiert, müssen sie zukünftig nicht verzichten. Allein im Jahr 2020 nahm die katholische Kirche rund 6,45 Milliarden Euro und die evangelische Kirche etwa 5,63 Milliarden Euro durch die Kirchensteuer ein.

In Zeiten, in denen die Mitgliederzahlen der beiden großen Kirchen dramatisch zurückgehen – im Jahr 2020 traten rund 220.000 Personen aus der evangelischen Kirche und ca. 221.000 Personen aus der katholischen Kirche aus; dieser Trend hat sich auch 2021 fortgesetzt, allein die katholische Kirche verlor 360.000 Mitglieder –, sind die horrenden Zahlungen der Staatsleistungen kaum mehr vermittelbar.

Tatsache ist: Immer mehr Menschen entscheiden sich für ein Leben in Konfessionsfreiheit. Vor fünfzig Jahren waren es in Deutschland unter vier Prozent, heute sind es über vierzig Prozent. Ihnen ist nicht länger zuzumuten, weiterhin die institutionelle Förderung exklusiv mit jährlichen Steigerungsraten aus allgemeinen Steuermitteln mitzufinanzieren. Die Ampel-Regierung sollte dem permanenten Verfassungsbruch ein Ende setzen.

(August, 2022)

Sei still, es ist Feiertag

Selbst viele Christen fallen fast vom Glauben ab, wenn man ihnen eröffnet, dass es in Deutschland tatsächlich Gesetze gibt, die während der sonntäglichen Hauptgottesdienstzeiten Versammlungen unter freiem Himmel untersagen und an christlichen Feiertagen sogar die öffentliche Aufführung bestimmter Filme verbieten. Neben den Sonntagen und normalen Feiertagen (staatlich oder christlich) kennt die Feiertagsgesetzgebung auch noch sogenannte »stille Feiertage«. Hier sind die bereits geltenden Feiertagsregelungen noch einmal verschärft. Wochenmärkte, gewerbliche Ausstellungen, Zirkusaufführungen oder Volksfeste dürfen dann nicht stattfinden. Es herrscht Tanzverbot, Schank- und Speisebetrieb sind untersagt, auch auf allzu flotte Musik muss verzichtet werden. Diskotheken sind angehalten, auf eine Auswahl stiller, ruhiger Titel zu achten, die »mit dem ernsten Charakter des stillen Tages vereinbar ist«. Unisono gilt: Es herrscht Stille im Land.

In Artikel 140 des Grundgesetzes der Bundesrepublik Deutschland ist das alles geregelt. Dort heißt es: »Der Sonntag und die staatlich anerkannten Feiertage bleiben als Tage der Arbeitsruhe und der seelischen Erhebung gesetzlich geschützt.« Übernommen wurde dieser Grundsatz unverändert aus der Weimarer Reichsverfassung von 1919 (Art. 139 WRV). Wie genau der Schutz der Sonn- und Feiertage aussieht, wird per Landesgesetzgebung konkretisiert, sodass in Deutschland für jedes Bundesland ein eigenes Feiertagsgesetz gilt. Die Folge ist trotz grundsätzlicher Ähnlichkeiten ein föderales Kuddelmuddel an Regelungen im Detail.

Gemeinsam ist den Feiertagsgesetzgebungen der Länder vor allem, dass sie christliche Feiertage in besonderer Weise schützen. Zum Beispiel im Bundesland Hessen: Dort gilt ein sonntägliches Tanzverbot von 4 bis 11 Uhr sogar an Tagen, die selbst aus christlicher Sicht Tage der Freude sind. Nordrhein-Westfalen kennt insgesamt dreizehn Feier- und Gedenktage, für die ein besonderer Feiertagsschutz gilt — neun davon sind christlicher Natur. Wie die Bürger sich an diesen Tagen zu verhalten haben, regelt das nordrhein-westfälische Gesetz über die Sonn- und Feiertage, das grundsätzlich alle »öffentlich bemerkbaren Arbeiten« verbietet, »die geeignet sind, die äußere Ruhe des Tages zu stören«. Besonderen Schutz genießen hierbei Gottesdienste. Können beispielsweise Märkte aufgrund einer Ausnahmegenehmigung doch an einem Sonn- oder Feiertag stattfinden, so dürfen auch diese erst nach der »ortsüblichen Zeit des Hauptgottesdienstes« beginnen. Die ortsübliche Zeit des Hauptgottesdienstes wird hierbei »von der örtlichen Ordnungsbehörde im Einvernehmen mit der Kirche festgelegt«. Eine Allianz von klerikalen Glaubensadvokaten und staatlicher Verwaltung geht hier gewissenhaft ans Werk und achtet auf deren Einhaltung.

Der besondere Schutz christlicher Gottesdienste nicht nur an Feiertagen, sondern an jedem einzelnen Sonntag des Jahres entstand zu einer Zeit, als die deutsche Bevölkerung mehrheitlich christlich war und der sonntägliche Gottesdienstbesuch ein weit verbreitetes Ritual. Nur, davon kann schon lange nicht mehr die Rede sein. Laut Hochrechnungen der Forschungsgruppe Weltanschauungen in Deutschland (fowid) befindet sich in Deutschland seit Frühjahr 2022 erstmals seit Jahrhunderten keine Mehrheit der Menschen mehr im Schoß der beiden großen Kirchen. Dass ein besonderer Schutz der Gottesdienstzeiten in Feiertagsgesetzen nicht mehr zeitgemäß ist, dürfte damit eigentlich selbsterklärend sein.

Der höchste Schutz in allen Bundesländern gilt insgesamt aber dem Karfreitag. Christen denken am Karfreitag an einen Mann aus Nazareth, der vor rund 2000 Jahren am Kreuz hingerichtet wurde. Der Tag dient dem Gedenken an sein Leiden und Sterben. Am Karfreitag ist es üblich, den Altar nicht zu schmücken. Auch die Kirchenglocken verstummen. Kirchlichem Einfluss auf die Politik ist es zu verdanken, dass an diesem Tag per Gesetz jedem Einwohner Deutschlands Zwangstrauer verordnet wird – egal, ob er dem christlichen Glauben angehört oder nicht. Zur Todesstunde von Jesus, um 15 Uhr, versammeln sich gläubige Christen zum Karfreitagsgottesdienst. Für die evangelische Kirche stellt der Karfreitag sogar einen der höchsten Feiertage des Kirchenjahrs dar. Er zählt zu den sogenannten »stillen Tagen« des Kirchenjahres. Davon gibt es viele: den Volkstrauertag, den Buß- und Bettag, den Totensonntag, Heiligabend, den Aschermittwoch, den Gründonnerstag sowie den Karfreitag und Karsamstag.

Nicht nur auf Tanz muss an diesen Tagen verzichtet werden, jede Form lauter und lustiger Geselligkeit ist untersagt. Auch vergnügliche Filmvorführungen trifft der religiöse Bannstrahl. Rund 700 Filme sind mit einem Feiertagverbot belegt. Die FSK-Liste (Freiwillige Selbstkontrolle der Filmwirtschaft) umfasst eine kuriose Mischung von Werken der Filmkunst. Neben allerlei Action-, Science-Fiction-Filmen, Filmklassikern wie *Harold and Maude* und *Manche mögen's heiß*, finden sich auch Komödien, über die an stillen Feiertagen nach dem Willen der FSK-Prüfer im Kino nicht gelacht werden darf, wie *Police Academy* oder *Charleys Tante.* Sowohl Louis de Funès als auch Bud Spencer haben es gleich mit mehreren Filmen auf die

Verbotsliste geschafft. Auf der Website der FSK findet sich ein Hinweis, nach welchem Kriterium über die Feiertagstauglichkeit eines Films entschieden wird: »Nicht freigegeben für die stillen Feiertage werden Filme, die dem Charakter dieser Feiertage so sehr widersprechen, dass eine Verletzung des religiösen und sittlichen Empfindens zu befürchten ist.« Willkommen im Gottesstaat Deutschland.

Doch manche Ungläubige, Gottlose und Nicht-Christen wollen solcherlei Bevormundung durch ein christlich geprägtes Feiertagsgesetz nicht mehr akzeptieren und sich nicht an die gesetzlich verordnete Stille halten. Bekannt wurde in diesem Zusammenhang vor allem der »Bochumer Brian«: Jedes Jahr am Karfreitag verstößt die säkulare Initiative Religionsfrei im Revier gezielt gegen die Feiertagsgesetzgebung von NRW, indem sie in Bochum öffentlich den Monty-Python-Film *Das Leben des Brian* aufführt, der seit 1980 auf dem Feiertagsindex der FSK steht.

Die karfreitägliche *Brian*-Filmvorführung ist inzwischen auch in anderen Bundesländern zur Tradition in säkularen Kreisen geworden. In München, Stuttgart und an zahlreichen anderen Orten laden tanzfreudige Atheisten zur säkularen Karfreitagsparty ein. Motto: »Heidenspaß statt Höllenqual«. Die Veranstaltung soll in ihrer Gesamtheit auch Ausdruck des Protests gegen das nicht mehr zeitgemäße und unverhältnismäßig einschränkende Feiertagsgesetz sein. Die Veranstalter verweisen dabei auf eine Entscheidung des Bundesverfassungsgerichts, das bereits 2016 das Verbot einer Münchener »Heidenspaß-Party« für verfassungswidrig erklärt hat.

Ohnehin gehen Rechtsexperten davon aus, dass die mehr oder weniger strikten Tanzverbote am Karfreitag im Zuge der schwindenden – vor allem konfessionell gebundenen – Religiosität in Deutschland durch Ausnahmeregelungen zunehmend zurückgenommen werden. Menschen, die sich an diesen

Tagen laut vergnügen wollen, würden in ihrer Freiheit eingeschränkt. Auch wenn die Christengemeinde am Karfreitag zur stillen Einkehr aufruft, könne es keinen gesetzlichen Zwang zur Trauer für Ungläubige und gottlose Bürger geben.

Wie aber könnte zukünftig eine zeitgemäße Feiertagsgesetzgebung aussehen? Vorschlag: Alle Menschen hierzulande bekommen – Gerechtigkeit muss sein! – neben den staatlichen Feiertagen ein Kontingent von, sagen wir, jährlich drei Tagen zur freien sinnstiftenden Verfügung. Tiefgläubige Christen könnten sich unter anderem am Karfreitag dann freinehmen, um intensiv um ihren Religionsgründer zu trauern, Muslime, um das Zuckerfest zu feiern, und Atheisten können ihn für eine kleine Wanderung nutzen.

(März, 2024)

Halleluja! Wunder gibt es immer wieder

Madonnen, die blutige Tränen weinen, Menschen, die Jesu Leidensmale an Händen und Füßen tragen, Priester, die Sterbenskranke heilen und böse Geister austreiben – das alles klingt nach finsterem Mittelalter und ist doch Realität in der katholischen Kirche des 21. Jahrhunderts. Für Christen sind Wunder Zeichen göttlichen Wirkens. Ein Fingerzeig. Ein Hoffnungsversprechen.

Seit Jahrhunderten verfügt die katholische Kirche sogar über eine Fachabteilung für Wunder. Es ist die Selig- und Heiligsprechungs-Kongregation des Papstes. Hier prüfen Mediziner, Naturwissenschaftler und Theologen, welche Menschen in den Heiligenstand befördert werden sollen. Die »Hall of Fame« der Kirche. Einlass erhalten Männer und Frauen, die Wunder bewirkt haben. Das sogenannte »Martyrologium Romanum«, das »Who is who« katholischen Spitzenpersonals, umfasst derzeit 6650 Selige und Heilige und mehr als 7400 Märtyrer. Weitere Aspiranten warten auf Aufnahme.

Für den Prozess der Heiligsprechung ist ein Wunder nötig, das auf die Fürsprache des Verstorbenen zurückzuführen ist. Die Ausnahme sind Märtyrer, die für ihren Glauben gestorben sind. Ist das nicht der Fall, wird es mit dem Wundern mitunter schwierig. In Grenzfällen hat der Papst das letzte Wort.

Mit den Wundern ist es ja ohnehin so eine Sache. Nehmen wir die »Marienerscheinung«: Die Hälfte aller weltweit »bestätigten« Erscheinungen hat bisher – warum auch immer? – vor allem in Frankreich und Belgien stattgefunden, vereinzelt auch in Polen und Tschechien. Warum die Mutter Gottes ausgerechnet in diesem Fleckchen des Globus immer wieder eine Stippvisite gemacht hat, wissen selbst die Wunderadvokaten nicht so recht. Sei's drum! Wer sich auf die Suche nach Antworten macht, ist wie bei allen Wunderrecherchen ohnehin gut beraten, auf eines zu verzichten: auf Vernunft und Verstand. Wichtig ist allein ein unerschütterlicher Glaube. Das ist der Schlüssel zum Heiligen Geist und zur ewig währenden himmlischen Glückseligkeit.

Wer nicht an göttliche Wunder glaubt, muss heute nicht mehr Ausschluss und Verdammnis fürchten. Vorbei die Zeiten, als die katholische Kirche den Wissenschaften argwöhnisch fasziniert beim rationalen Denken zusah und zu entschlüsseln versuchte, was es damit zum Teufel auf sich hat. Dass es ihre eigenen Ansprüche auf Welterklärung infrage stellt, leuchtete ihr von Anfang an ein. Daher warf die heilige Kirche Wissenschaftler – als Ketzer, Zweifler und abtrünnige Denker gebrandmarkt – in Kerker, schickte sie in die Verbannung oder gleich auf den Scheiterhaufen.

Ungläubige und Gläubige müssen heute – zumindest in unseren Breitengraden – miteinander auskommen. Die Kirche verliert an Einfluss, Deutungsmacht und ihre Mitglieder. Doch am Wundermonopol halten die Glaubensadvokaten fest. Der Pilgermarkt wird straff organisiert und verwaltet. Ein lukratives Geschäftsmodell – eine wundersame Geldmaschine.

Und so gibt es nah und fern Wunder-Hotspots, zu denen die hoffnungsfrohe Christenschar unaufhörlich strömt: ins bayerische Altötting, in den bedeutendsten Marienwallfahrtsort im deutschsprachigen Raum, wohin jährlich rund eine Million Pilger kommen, um der sogenannten »Schwarzen Madonna« ihre Sorgen und Nöte mitzuteilen, aber auch ihren Dank zu überbringen. Ins südfranzösische Lourdes zieht es Hunderttausende, wo im Jahr 1858 Bernadette Soubirous nahe einer Grotte mehrfach die Gottesmutter Maria erschienen ist oder nach Loreto, einem Wallfahrtsort in Italien, wohin der Legende nach Engel das »Heilige Haus« trugen, in dem Maria, die Mutter Jesu, geboren wurde und gelebt haben soll. Im Ranking der Wunder-Hotspots behauptet sich auch Tschenstochau (Częstochowa) auf den vorderen Plätzen, so etwas wie das katholische Nationalheiligtum Polens. Hier wird seit dem Jahr 1384 das Bildnis einer weiteren »Schwarzen Madonna« verehrt. Oder Fatima in Portugal, wo Maria am 13. Mai 1917 drei Hirtenkindern erschien und sich ein Sonnenwunder vor Zehntausenden anwesenden Menschen ereignet hat. Fatima zählt mittlerweile zu einem der wichtigsten Wallfahrtsorte der katholischen Kirche.

Wir dürfen festhalten: Maria war eine umtriebige Frau, eine rastlose Globetrotterin. Landauf, landab ist sie den frommen Menschen ganz nahegekommen, hat sie verzaubert, erschüttert und zu Tränen gerührt – vornehmlich in katholischen Gegenden, gern in südlichen Gefilden. Gänzlich gemieden hat sie Nordeuropa, vielleicht weil es ihr dort zu kalt war. Maria jedenfalls ein ein Dauerhit. Eine Hoffnungsspenderin, die, wo immer sie war und in Erscheinung trat, Menschen in ihren Bann zog. Alle, die an Maria glauben, dürfen weiterhin auf Heilung und Begegnung hoffen – auf ein Zeichen vom lieben Herrgott oder anderem himmlischen Tröstungspersonal. Junge Frauen und alte Männer werden also auch künftig von Begegnungen mit dem Göttlichen berichten und ihre spontanen Heilungsgeschichten verkünden. Der unerschütterliche Glaube hilft dabei.

Ob es eine Marienerscheinung tatsächlich gab, eine Statue wirklich Blut geweint hat oder eine Reliquie eine schwerkranke Person geheilt hat? Letztlich entscheidet darüber die Wunderkommission in Rom. Gerade hat der Vatikan seine Richtlinien zur Bewertung von Wundern überarbeitet und will diese künftig etwas skeptischer beurteilen. Dies geht aus einem von Papst Franziskus unterzeichneten Dokument hervor, das der Vatikan im Mai veröffentlichte. Neben neuen Kategorien für die Bewertung soll das vatikanische Amt für die Glaubenslehre das letzte Wort bei der endgültigen Entscheidung über übernatürliche Phänomene haben.

Angesichts einer Zunahme von »falschen Gerüchten und der Verbreitung von Fake News im Internet« seien die derzeitigen Richtlinien aus dem Jahr 1978 nicht mehr sinnvoll und praktikabel, begründen die Wunderexperten ihre Entscheidung, die Normen grundlegend zu überarbeiten. Außerdem bestehe die Gefahr, dass Betrüger mit angeblichen Wundern oder sonstigen Phänomenen versuchen, Geld zu machen und Menschen zu manipulieren. Diese Risiken sollen mit den neuen Normen des Vatikans vermieden werden. Es geht also darum, unliebsamer Konkurrenz energischer als bisher zu begegnen. In der digitalen Welt ist die Kernkompetenz in Sachen Wunder neuen Herausforderungen ausgesetzt – es gilt zu handeln. So soll es künftig sechs differenzierte Kategorien zur Beurteilung übernatürlicher Phänomene geben. Im günstigsten Fall wird ein »angebliches« Wunder mit der Kategorie »Nihil obstat« (zu Deutsch etwa: »Es steht nichts entgegen«) bewertet. Das bedeutet den Angaben nach, dass es zwar keine Gewissheit über die übernatürliche Echtheit gibt, aber doch Anzeichen für ein Wirken des Heiligen Geistes. Die Gläubigen dürfen das Phänomen ohne Weiteres verehren und würdigen. Die restlichen fünf Kategorien beschäftigen sich mit allerlei Grauzonen, die letzte Kategorie sieht jedoch vor, ein Phänomen klar als nicht übernatürlich zu betrachten. Phänomene werden zunächst vom lokalen Bischof in die Kategorien eingeteilt, der Vatikan trifft jedoch nach wie vor die endgültige Entscheidung. Und der Papst.

Die katholische Kirche unterscheidet nun also zwischen echten, zweifelhaften und unechten Wundern. Das ist so, als erfänden Hütchenspieler ein Hütchenspieler-Gütesiegel (eine klerikale Marketingmaßnahme, die Klaus Ungerer schon vor Jahren in seiner Antibibel *Gott go home!* treffend etikettierte). Partielles Irresein als »göttliche Erleuchtung« zu verkaufen, bleibt also auch zukünftig ein lukratives Geschäftsmodell der katholischen Kirche. Weitere Innovationen warten im »Supermarkt der Wunder« auf Umsetzung: So könnte die kommende Pilger-Community ihren Herrgott via WhatsApp um Gnade und Erleuchtung bitten. Vorteil: Die oft beschwerliche Reise nach Lourdes, Fatima oder Altötting entfällt. Göttliche Wunder könnten so ganz ohne Reisestress auf den frommen Follower niederkommen. Ein Halleluja auf die Ökobilanz. Und auf Maria.

(Mai, 2024)

EPILOG

Alles wird nie schlimmer

Vor nicht langer Zeit, bei einem angenehmen Abendessen unter Freunden, wurde, als es auf das Dessert zuging, mal wieder lamentiert und geklagt: über die Welt, in der wir leben und der es nicht gut geht. Klimakatastrophe, Kriege, Hunger, Flucht – und ja, klar ... die »politische Klasse«, diese karrieresüchtigen, selbstbezogenen, narzisstischen Ego-Typen. Kurzum: ein anregender, launischer Abend. Ein Runde gleichgesinnter Pessimisten (selbstredend auch Pessimistinnen), bis irgendwer dann die Frage stellte, zu welchem Zeitpunkt der Menschheitsgeschichte man denn gerne gelebt hätte ... Was ist das denn für eine Frage?! Kollektives Kopfschütteln, ausholende Gesten, großes Palaver. Und doch fand die Tischgesellschaft rasch eine einhellige Antwort: *Heute!*

Nur Robert, seit jeher ausgestattet mit einer soliden Grundausstattung an Gegenwartsverachtung, blieb seiner Rolle als eigensinniger Solitär gerecht. Ja, es stimme, es gibt viele Verbesserungen auf der Welt, aber ist es nicht so: die Kriege, der weltweite Terrorismus, Hundertausende auf der Flucht, die Meere verschmutzt, das Polareis schmilzt. Nicht zu übersehen, der weitweite Rüstungswahn, Organisiertes Verbrechen ... und dann auch noch eine Welt voller zweifelhafter Politfiguren: Putin, Xi Jinping, Lukaschenko, Erdogan – allesamt finstere Diktatoren und Menschenschinder. Er sei amüsiert über unsere hedonistische Einfalt, die entweder einer naiven Weltsicht oder luxuriöser Ignoranz geschuldet sei. Roberts Fazit: Die Gegenwart sei absolut konkurrenzfähig mit anderen düsteren Zeiten, nichts sei besser. Im Gegenteil, allerorten Gier, Egoismus, Machtmissbrauch, Dummheit ... Wir einigten uns schließlich darauf: Wir leben in unsicheren, wirren, ambivalenten Zeiten.

Mein Freund Robert ist kein Griesgram, kein Misanthrop, doch er ist in guter Gesellschaft. Über die Hälfte der Deutschen meint, die Welt sei schlecht und werde immer schlechter. Gerade jetzt: Ukraine-Krieg, Klimakatastrophe, Pandemie ... Ein permanentes Inferno.

Doch es gibt auch einige hoffnungsvolle Fakten, Zahlen und Statistiken gegen die grassierende Gegenwartsverzweiflung. Einige Beispiele: Wir unterschätzen den weltweiten Rückgang der Armut, wir wissen nicht, dass über 60 Prozent aller Mädchen in Ländern mit niedrigen Einkommen mittlerweile die Grundschule absolvieren, nur wenige ahnen, dass heute weniger als halb so viele Menschen bei Naturkatstrophen sterben wie noch vor hundert Jahren und 80 Prozent aller Einjährigen geimpft werden. Wir registrieren kaum, dass sich die Rechte der Frauen, Religionsfreiheit und Meinungsfreiheit in vielen Teilen der Welt in den letzten Jahrzehnten erfreulich verbessert haben. Viele von uns – mich nicht gänzlich ausgenommen – pflegen ihr pessimistisches Weltbild, böse gesagt: ihr ignorantes, bequemes Unwissen.

Dabei sind es doch gerade wir Europäer, insbesondere wir Deutschen, denen es vergönnt ist, seit Langem friedlich, sicher, gesund und wohlhabend zu leben. Das heißt nicht, dass alles gut ist, aber es heißt, dass das meiste, was Menschen im Leben wichtig ist, heute viel besser ist, als es in der Vergangenheit war. Wir leben auf einer Insel der Glückseligen, trotzdem sprechen wir ständig von Krisen, von dem, was nicht so ist, wie wir es uns wünschen. Kein Wunder, dass Sozialpsychologen und

Sozialpsychologinnen mitunter von einem »Zusammenbruch des Zukunftsoptimismus« sprechen.

Ich selbst bin kein besonders optimistischer Mensch. Meine Freude sehen in mir allenfalls einen alltagskompatiblen Skeptiker, mitunter einen Nörgler. Es ist noch nicht so weit, das ich zu keinem Abendessen mehr eingeladen werde, aber für lustige Spielabende bin ich gänzlich ungeeignet. Und es geht mir tatsächlich nicht darum, die Welt positiv zu sehen, dort, wo sie nun einmal schlecht ist. Aber immerhin: Ich bin dabei, mir klarzumachen, dass die Welt anhand messbarer Daten weitaus besser ist, als wir mitunter denken. Es geht nicht um Optimismus, sondern um Realismus.

Dabei hilft mir, über den heimischen Tellerrand hinauszusehen und das eigene Bauchgefühl einem Wirklichkeitstest zu unterziehen. Nützlich war dabei beispielsweise die Lektüre *Factfulness*, ein Buch des schwedischen Autors Hans Rosling. In Zeiten von Fake News ist es verdienstvoll, wenn ein Autor ganz auf Fakten setzt. Der 2017 verstorbene Gesundheitsforscher war so einer. In seinem Buch, das sein Sohn und dessen Ehefrau zu Ende geführt haben, wird deutlich: Erst wer die Fakten kennt, kann seine Situation richtig einschätzen. Deutlich wird das mitunter an einfachen Fragen, beispielsweise dieser: »Inwieweit hat sich in den letzten 20 Jahren der Anteil extrem armer Menschen verändert? Hat er sich a) fast verdoppelt, b) nicht verändert oder c) deutlich mehr als halbiert? Letzteres ist richtig. Aber die wenigsten Menschen wissen das. Wir alle sind pessimistisch, wir lieben dramatische Nachrichten und übersehen deshalb systematisch hoffnungsvolle Fakten«, so die Erkenntnis Roslings. Mit seinem Buch wollte er das ändern: »Hier finden Sie Daten, wie Sie sie bisher nicht kannten.« Daten der Aufklärung.

Roslings Buch – mittlerweile ein viel gelesener und viel diskutierter Longseller – verkündet gute Botschaften, etwa wenn es um Fakten zur weltweiten Armut geht. Im Lauf der vergangenen zwei Jahrzehnte hat sich der Anteil der Menschen, die in extremer Armut leben, nahezu halbiert. Im Jahr 1800 lebten ungefähr 85 Prozent der Menschen in extremer Armut. Überall auf der Welt hatten die Menschen schlicht nicht genügend zu essen. Auf diesem Niveau lebte bis etwa 1966 die Mehrzahl der Menschen. Bis dahin war extreme Armut die Regel, nicht die Ausnahme. In den letzten zwanzig Jahren hat sich die extreme Armut schneller vermindert als in jeder anderen Phase der Weltgeschichte. 1997 lebten in China und Indien 42 Prozent der Bevölkerung in extremer Armut. 2017 hatte sich dieser Anteil in Indien auf 12 Prozent verringert: 270 Millionen Menschen weniger lebten in extremer Armut als zwanzig Jahre zuvor. Lateinamerika senkte seinen Anteil von 14 Prozent auf 4 Prozent: weitere 35 Millionen Menschen. Es stimmt, alle Schätzungen zu extremer Armut sind sehr unsicher, wenn sich jedoch solche Veränderungen zeigen, passiert unzweifelhaft etwas Großes. Wir ignorieren das gerne.

Warum aber nehmen wir solcherlei gute Nachrichten nicht zur Kenntnis? Warum schauen wir so düster auf die Gegenwart und sehen um uns herum nur Katastrophen, Krisen und Verfall? Kognitionspsychologen, die sich damit beschäftigen, verweisen darauf, wie unzuverlässig, ja launisch die menschliche Wahrnehmung ist. Wie stark unsere momentanen Gedanken und Gefühle allgemeine Bewertungen steuern. Wir unterliegen einer »selektiven Verfügbarkeit«, die dafür sorgt, dass Gegenwart im Vergleich immer schlecht abschneidet. Wenn wir unsere Ist-Situation bewerten, fallen uns Probleme ein. Denken wir an die Vergangenheit, sind die Probleme verblasst oder aus unserer Erinnerung »gelöscht« – in jedem Fall weniger dramatisch. Unser Gehirn scheint den negativen Signalen den Vorrang zu geben. Fragt man also beispielsweise nach der inneren Sicherheit, fällt den meisten dazu ein, früher habe es weniger Verbrechen und Gewalt gegeben. Da kann man noch so häufig auf Kriminalstatistiken hinweisen, die deutlich zeigen, dass hier ein Trugschluss vorliegt: Die Kriminalität nimmt insgesamt seit Jahren ab. Subjektives Bedrohungsgefühl und reale Gefahr liegen hier besonders weit auseinander. Medien nutzen diese Wahrnehmungsmuster – und verstärken sie. Die Kommunikationsforschung spricht vornehmer von einer »Verdunkelung des publizistischen Ereignishorizontes«.

»Wir sind einem Trommelfeuer negativer Nachrichten aus allen Teilen der Welt ausgesetzt: Kriege, Hungersnöte, Naturkatastrophen, politische Fehlentscheidungen, Korruption, Haushaltskürzungen, Krankheiten, Massenentlassungen, Terroranschläge«, konstatiert Rosling und mutmaßt, »dass Journalisten, die über Flüge berichten, die nicht mit einem Absturz enden, oder über Ernten, die nicht fehlschlagen, schnell ihren Job verlieren« würden. Wir können es nicht übersehen: Langsame, allmähliche Verbesserungen schaffen es nur selten auf die Titelseiten, selbst wenn sie eine große Tragweite haben und Millionen Menschen betreffen. *Bad news is good news* ... Boulevard vor Relevanz.

Unsere Sicht auf die Welt wird damit verlässlich ins Negative verzerrt. Wirklichkeit als permanentes Inferno. Die Folge: »Wir sind ständig gestresst, unser Gehirn ist dauerhaft im Angstzustand. So gewinnen wir keinen Überblick über das, was unsere Welt bewegt, was uns Sorgen machen sollte, aber auch Hoffnung bringen kann«, sagt die Neurowissenschaftlerin Maren Urner und beschreibt eindrucksvoll, was in dieser modernen, rasanten Medienwelt schiefläuft und wie unser Hirn täglich vor einem digitalen Informations-Tsunami kapituliert. Niemals zuvor hatten wir Zugriff auf so viele Informationen, trotzdem sind wir nicht unbedingt »wirklichkeitsnah« informiert. Mediale Selektion konstruiert die Wirklichkeit.

Hans Rosling liefert Fakten: So zum Beispiel ist in Amerika die Gewaltkriminalität seit den 1990er-Jahren im Rückgang begriffen. Im Jahr 1990 wurden knapp 14,5 Millionen Gewaltdelikte registriert. Im Jahr 2016 lag diese Zahl nur noch bei weit unter 9,5 Millionen. »Jedes Mal, wenn etwas schrecklich Schockierendes passierte, also so gut wie jedes Jahr, war gleich von einer Krise die Rede. Die Mehrheit der Menschen befindet sich die meiste Zeit in dem Glauben, dass die Gewaltkriminalität immer schlimmer werden würde. Es ist also kein Wunder, dass wir in der Illusion ständiger Verschlechterung leben.«

Es gibt zwar keine schnellen Lösungen, herauszukommen aus dem realen Wirklichkeitsgeflecht, aber Hoffnung gibt es. Muss es geben. »Wir haben weiterhin Grund«, schreibt Rosling, »uns Sorgen zu machen. Solange es Flugzeugabstürze, vermeidbare Kindersterblichkeit, die Bedrohung von Arten, Leugner des Klimawandels, chauvinistische Männer, verrückte Diktatoren, Giftmüll und eingesperrte Journalisten gibt und Mädchen aufgrund ihres Geschlechts keine Berufsausbildung machen dürfen, solange einige dieser schlimmen Dinge existieren, können wir uns nicht entspannt zurücklehnen. Doch es ist ebenso lächerlich und ebenso belastend, einfach die Augen zu verschließen vor dem Fortschritt, der erzielt wurde. Oft nennen mich die Leute einen Optimisten, denn ich zeige ihnen die enormen Fortschritte auf, von denen sie nichts wissen.«

Mit dem Verdacht, ein unerschütterlicher Optimist zu sein, konnte Hans Rosling leben. Und so finden sich auf den 400 Seiten seines Buches zahlreiche Diagramme, Kurven und Statistiken, die aufräumen mit Halbwissen und gefühlten Wahrheiten. Viele kluge Ratschläge, die helfen, nach den relevanten Zahlen zu fragen und sie einzuordnen. Sein Ziel: Neugier auf Fakten zu wecken und zum Selbstdenken anzuregen. Fehlende Fakten sind aber nicht nur ein Problem in der öffentlichen Debatte. Genauso wichtig ist die Neigung, Fakten für irrelevant zu halten. Wem, wie meinem Freund Robert, sein Weltbild über alles geht, der wird nicht unbedingt nach der Lektüre von Büchern greifen, die das eigene, sorgsam gepflegte Weltbild infrage stellen.

Demokratie ist, wie Herfried Münkler einmal bemerkte, eine träge Maschinerie, konzipiert, um Entscheidungen zu verlangsamen. Notwendig und nützlich sind hoffnungsfrohe Stimmen – und eine erkenntnisreiche Lektüre, wie *Factfulness* von Hans Rosling. Ja, es ist nüchtern, wissenschaftsbasiert zu fragen, was zu tun, was notwendig ist: eine andere Form der Wirtschaft, eine friedliche Koexistenz mit Klima und Natur, ein Verzicht auf Gewalt. Die Zeit ist knapp. Es braucht Menschen, die sich trauen, gegen tradierte Denkmuster und Politschablonen anzudenken und neue Möglichkeiten und Perspektiven zu entwerfen.

Meinem Freund Robert, dessen faktenfreies Weltbild ihm über alles geht, möchte ich in diesen rasanten, unwirtlichen und mitunter unübersichtlichen Zeiten Hans Roslings Buch empfehlen. Ansonsten gilt unisono: Nein, der Zustand der Welt ist nicht rosarot, aber wir sollten nicht so tun, als wüssten wir nicht, was zu tun ist.

(Mai, 2022)

Abdruckhinweise

Streiten? Unbedingt!
Materie, 5. August 2022

»Verquere« Freiheitskämpfer, besorgte Demokraten
Focus, 13. März 2021

Beamtenland ist abgebrannt
Salonkolumnisten, 3. November 2020

Ohne Presse keine Freiheit
Humanistischer Pressedienst, 3. Januar 2023

Die Welt ist nicht so harmlos, wie wir sie uns wünschen
Pressenza Press, 1. Juni 2022

Falsches Schweigen
bruchstücke, 27. September 2022

Lob des Zorns
bruchstücke, 20. September 2022

Schützt der Verfassungsschutz unsere Verfassung?
Ossietzky, 16. September 2023

Zweierlei Solidarität
Humanistischer Pressedienst, 20. August 2023

Staatsfeind, der ich bin
Glanz und Elend, 13. Juli 2023

Die Lufthoheit des Wutbürgers
Frankfurter Rundschau, 5. Januar 2019

»Kriegstauglicher Mainset«
Materie, 1. August 2024

Zumutung Demokratie
Faust Kultur, 6. April 2023
Der Treueid von 1933
Frankfurter Rundschau, 6. Februar 2024
Ein Schatten, der auf ein Denkmal fällt
Frankfurter Rundschau, 1. Dezember 2022
»Für immer ehrlos…!
Unsere Zeitung Wien, 15. Dezember 2023
Der Tag, an dem die Bücher brannten
The European, 10. Mai 2023
Der posthume Demokrat
Berliner Gazette, 1. Juli 1923
Dienstbetrieb trotz Endkampf
The European, 12. Juni 2024
Wir Nationalsozialisten
bruchstücke, 2. März 2023
Götterglaube und Seelenheil
Richard Dawkins Foundation, 12. September 2023
Herr Steinmeier und der Garten Eden
bruchstücke, 8. Juni 2023
Kniefall des Rechtsstaats
Frankfurter Rundschau, 30. Januar 2021
Das Recht, über Gott zu lachen
Ossietzky, 27. Januar 2024
Kein Schwert, sondern ein Schild
Richard Dawkins Foundation, 13. Oktober 2022
Kreuz, Kippa und Kopftuch
Novo Argumente, 12. Februar 2024
Seid umschlungen, Milliarden!
Novo Argumente, 12. August 2022
Sei still, es ist Feiertag
Novo Argumente, 28. März 2024

Halleluja! Wunder gibt es immer wieder
Faust Kultur, 31. Mai 2024
Alles wird nie schlimmer
Tabula Rasa Magazin, 27. Mai 2022

FSC
www.fsc.org
MIX
Fördert gute Waldnutzung
FSC® C022612

1. Auflage 2024

www.editionfaust.de

Lektorat: Elvira M. Gross, Frankfurt a. M.
Satz: Fagott, Ffm
Schriften: JohnDoe und Baltica
Druck und Verarbeitung:
Gutenberg Press Ltd., Malta

ISBN: 978-3-949774-55-3